职业院校管理与师资建设培训教材
职业教育素质提升系列读本

# 职校生心智成长训练团体游戏汇编

主　编　许克亮
副主编　武新平　徐世宏
参　编　吕明慧　李　丹　陈丽娟　马俊霞
　　　　王玉凤　苗晓辉　梁　淼　梁炜彬

机械工业出版社

本书以学生生活为背景，以促进学生心智成长为目标，总结提炼了实操性较强的团体心理辅导游戏。本书中所有游戏都是根据"拿来即用"的标准进行编写的，每个主题游戏均附有相关讨论及总结，不仅适用于职校生群体，也可服务于其他有需求的团体。本书内容涵盖了打破坚冰、相识相知、提高团队合作意识、增强团队凝聚力、自我探索与自我管理、综合能力提升等训练过程的各个方面，是服务于各种主题活动方案的基本素材。本书内容源于编者对学生进行心智成长训练活动以来的实践与探索，是多年来训练经验的总结，其游戏的编排结构分类明确，是心智成长训练导师和班主任老师的案头必备工具书。

## 图书在版编目（CIP）数据

职校生心智成长训练：团体游戏汇编 / 许克亮主编.
—北京：机械工业出版社，2016.11（2024.2重印）
职业院校管理与师资建设培训教材．职业教育素质提升系列读本
ISBN 978-7-111-55399-1

Ⅰ．①职… Ⅱ．①许… Ⅲ．①心理健康—健康教育—中等专业学校—教材 Ⅳ．①G444

中国版本图书馆CIP数据核字（2016）第276393号

机械工业出版社（北京市百万庄大街22号 邮政编码100037）
策划编辑：李 兴　　　　责任编辑：李 兴 王 慧
责任校对：李 丹　　　　责任印制：郜 敏
北京富资园科技发展有限公司印刷
2024年2月第1版第3次印刷
184mm×260mm·15.25印张·328千字
标准书号：ISBN 978-7-111-55399-1
定价：38.00元

电话服务　　　　　　　　网络服务
客服电话：010-88361066　　机 工 官 网：www.cmpbook.com
　　　　　010-88379833　　机 工 官 博：weibo.com/cmp1952
　　　　　010-68326294　　金 书 网：www.golden-book.com
封底无防伪标均为盗版　　　机工教育服务网：www.cmpedu.com

# 前言

为了贯彻中共中央、国务院《关于进一步加强和改进未成年人思想道德建设的若干意见》，进一步加强中等职业学校学生心理健康教育，教育部制定了《中等职业学校学生心理健康教育指导纲要》。纲要明确指出：中等职业学校学生心理健康教育是学校德育工作的重要组成部分，加强心理健康教育是增强德育工作针对性、实效性的重要举措。

职业院校学生多出生于20世纪90年代以后，从小多受溺爱，在父母的关怀、庇护下长大，因而导致他们中的一些人核心价值观念的错位、性格上的缺陷，孩子变得自私、缺乏同情心、好吃懒做、不思进取、怕苦怕累、经受不起大的挫折，缺乏独立生活能力和社会活动能力。这一群体的特殊性使他们很多人心理素质不高，甚至存在自卑、偏激、反叛和懒惰心理。在职业院校开展心理健康教育，重视学生心智成长，是促进学生全面发展的需要，是实施素质教育、全面提高学生素质和综合职业能力的必然要求。

心理学家埃里克森的研究指出，一个人从生到死，共经历八个心智成长阶段，而职校生正处于第五个阶段——身份角色的困惑，他们需要：①找出适应世界的方法；②接受自己生理上的变化；③界定自己对异性的身份；④界定自己在同性和同辈里的身份；⑤确定人生应怎样度过。心智成长训练可帮助职校生更全面地认识自我，进行自我探索，实现自我成长，促进其心理健康，使他们更好地建立人际关系、开阔视野、拓展思维、适应社会，这正是编写本书的意义所在。

"心智成长训练营"采取发展性团体辅导模式，训练中通过大量的游戏活动，以"在感悟中完善，在体验中成长"为主题，着眼于综合提升青少年自我管理、情绪协调、团队意识、社会适应等能力。邯郸市职教中心"心智成长训练营"成立于2008年5月，迄今为止已经举办超过206期培训，受训学生达数万人。这本书源于我们对学生进行心智成长训练活动以来的实践与探索，是多年来训练经验的总结。

本书搜集整理的117个游戏都经过了精心设计与实践检验，游戏按"服务于方案"的原则进行分类，所有游戏都是根据"拿来即用"的标准进行编写的，每个主题游戏均附有相关讨论及总结，希望能给相关读者以启发和帮助。

在本书编写过程中，邯郸市职教中心的领导高度重视并给予关键性指导意见，心海岸心智成长体验中心导师团队的每一位成员都付出了辛苦和努力，感谢大家对本书编写所做出的贡献。

编 者

# 使 用 指 南

作为心智成长训练导师和班主任的案头必备工具书,全书总结了117个团队游戏,涵盖了活动过程的各方面。为了使大家更有效地使用本书,建议遵循如下原则。

1．有目标地选择游戏:在设计训练方案或主题活动时,应带着明确的目标选择适当的游戏。游戏是帮助达成训练效果的工具,选择游戏的标准是"是否适用"。

2．有准备地进行游戏:如果对游戏内容不熟悉,请先仔细阅读游戏相关内容,做到心中有数,如果条件允许,建议先进行小范围的体验,做到胸有成竹。

3．有分析地总结游戏:在每次完成游戏后,导师应多听取参与者的反馈意见,分析游戏对整个训练的影响,评价游戏的效果是否达到预期目标,进而对游戏进行总结反思。

4．有创新地调整游戏:本书所提供的游戏并非是不可更改的。在使用这些游戏时,导师可以根据具体情况对游戏进行有创新的调整和二次开发等。

本书提供了117个心智成长训练游戏,为了便于使用,每个游戏都按照统一的格式进行调整,分为游戏类型、参加人数、游戏时间、所需材料、场地要求、活动目的、操作程序、相关讨论、游戏总结、温馨提示等栏目。

**游戏类型:** 是指游戏可以用在训练的哪些环节或哪些主题活动中,仅供参考,不必受此局限。如果大家体验多了,会发现大多数游戏在做适当调整后,可以适用于非常多的主题活动。

**参加人数:** 是指适合参加这个游戏的人数。为保证游戏的顺利进行和训练目的的实现,告知大家进行这个游戏合适的参加人数作为参考,此部分可根据导师的经验灵活进行调整。

**游戏时间:** 是指进行这个游戏所需要的时间。本书中游戏的参考时间是包含游戏过程、相关讨论和游戏总结的总体时间,是一般情况下的参考值,实际操作时间要根据具体人数和情况而定,所以建议导师在选择不熟悉的游戏时可事先进行小范围测试。

**所需材料:** 是指在完成这个游戏的过程中所需要的材料。这一点请仔细阅读,并按照列出的材料进行准备。如果材料准备得不对或不充分,则很可能影响游戏的正常进行。若导师经验丰富,可根据具体的情况对材料进行调整和替换。

**场地要求:** 是指这个游戏适合在什么地点进行。这一点并非绝对,导师可根据实际情况灵活变动。

**活动目的:** 是指这个游戏的主要目的是什么,最终应达到什么目标,也就是最终的训练目标。

**操作程序:** 是指游戏进行的先后步骤。有些游戏操作过程的先后顺序很重要,会直接影响到游戏的训练效果,所以请务必仔细阅读。在实际操作过程中,导师也可以根据具体情况进行灵活调整。另外,每个游戏开始前都需要有开场白,开场白对游戏起着引导和铺垫的作用,开场白的内容可以根据具体情况进行创作。

**相关讨论:** 是指游戏过程中或游戏完成后,导师启发和引导参训学生所列出的问题。

它有助于学生加深对游戏的理解和对自身状态的认识。通过讨论，可以让学生交流彼此的心得，在认识自身想法的同时理解他人的想法。书中所列的问题仅供参考，导师在运用游戏时可结合具体情况进行调整。

**游戏总结**：是指对学生在游戏过程中和相关讨论环节中的表现进行的归纳总结。书中所述仅供参考，在实际操作过程中可根据具体情况加入个性化的引导与总结。

**温馨提示**：是指对游戏实际操作过程的关键点进行提示、补充和说明，内容大多是编者实际操作中的经验之谈，仅供参考。

相信使用本书的朋友都是有相同兴趣的人，因此本书不仅适用于职校生群体，也可服务于其他有需求的团体，当然，不同年龄阶段的群体使用时，导师一定要注意引导方向的调整。诚望大家在使用过程中，敢于提出自己的想法，有目标、有准备、有分析、有反思、有创新。当然，如果遇到有不理解和可改进的地方，欢迎大家与我们一起讨论，共同进步！

# 目　录

**前言**
**使用指南**

## 第一部分　破冰篇

| | | | |
|---|---|---|---|
| 大风吹 | 2 | 进化论 | 15 |
| 梅花朵朵开 | 3 | 支援前线 | 17 |
| 口香糖 | 4 | 比长短 | 18 |
| 激情节拍 | 5 | 雨点变奏曲 | 20 |
| 大家跟我一起来 | 7 | 轻柔体操 | 21 |
| 找零钱 | 8 | 扯龙尾 | 22 |
| 对对碰 | 9 | 烦恼大爆炸 | 24 |
| 按摩操 | 11 | "松鼠"搬家 | 25 |
| 机遇与挑战并存 | 12 | 水果拼盘 | 26 |
| 兔子舞 | 14 | | |

## 第二部分　相识篇

| | | | |
|---|---|---|---|
| 滚雪球 | 30 | 寻人游戏 | 34 |
| 相识一条龙 | 31 | 记者采访 | 36 |
| 炸气球 | 32 | 猜猜是谁 | 37 |
| 棒打薄情郎 | 33 | 有缘相识 | 38 |

## 第三部分　团队合作篇

| | | | |
|---|---|---|---|
| 同心杆（齐眉棍） | 42 | 传递呼啦圈 | 59 |
| 十人九足 | 44 | 巧渡"玛雅河" | 61 |
| 袋鼠跳 | 46 | 无敌风火轮 | 63 |
| 链接加速 | 48 | 气球大赛 | 65 |
| 心心相印（兄弟同心） | 50 | 踩轮胎 | 67 |
| 坐地起身 | 52 | 魔方 | 69 |
| 心中的塔 | 54 | 同舟共济 | 71 |
| "啄木鸟"行动 | 56 | 翻叶子 | 73 |
| 衔纸杯传水 | 57 | 穿越电网 | 74 |

| | | | |
|---|---|---|---|
| 风雨同行 | 77 | 通路 | 81 |
| 变形计 | 79 | 不倒森林 | 83 |
| 狭路相逢 | 80 | | |

## 第四部分　自我探索篇

| | | | |
|---|---|---|---|
| 我是谁 | 88 | 我的五样 | 99 |
| 我的自画像 | 90 | 走到圈外 | 101 |
| 消失的我 | 92 | 异性心中的形象 | 103 |
| 我的优点你来说 | 93 | 命运之牌 | 105 |
| 强调积极 | 95 | 价值拍卖 | 108 |
| 应该扔掉谁 | 97 | 我的核桃 | 111 |

## 第五部分　能力训练篇

| | | | |
|---|---|---|---|
| 抓蜻蜓 | 116 | 高空飞蛋 | 126 |
| 记忆考验 | 118 | 寻找变化 | 128 |
| 哼哈请接招 | 119 | 时装秀 | 130 |
| 头脑风暴 | 121 | 举手仪式 | 132 |
| 意愿百分百 | 123 | 解手链（心有千千结） | 133 |
| 麻雀变凤凰 | 125 | 突出重围 | 135 |

## 第六部分　人际沟通篇

| | | | |
|---|---|---|---|
| 心灵电报 | 140 | 生日线 | 158 |
| 三分钟测试 | 141 | 盲人排队 | 160 |
| 最佳配图 | 143 | 你说我做 | 161 |
| 资源共享 | 146 | 撕纸游戏 | 163 |
| 找"领袖" | 148 | 我说你画 | 165 |
| 谁是卧底 | 150 | 盲人方阵 | 167 |
| 肢体动作大比拼 | 152 | 七彩人生 | 169 |
| 人体"拷贝" | 154 | 翻牌游戏 | 175 |
| 驿站传书 | 156 | | |

## 第七部分　时间管理篇

| | | | |
|---|---|---|---|
| 扮时钟 | 180 | 时间都去哪了 | 186 |
| 十秒掌声 | 181 | 目标搜索 | 187 |
| 一分钟价值 | 183 | 大石头小石头 | 189 |
| 时间分割 | 184 | 时间规划师 | 190 |

## 第八部分 情绪管理篇

| | |
|---|---|
| 互诉面对面 ...... 194 | 天黑请闭眼 ...... 199 |
| 疯狂复印机 ...... 196 | 蜗牛的家 ...... 202 |
| 忍者无敌 ...... 198 | 解压我有招 ...... 204 |

## 第九部分 责任 / 信任 / 感恩篇

| | |
|---|---|
| 国王与天使 ...... 208 | 人椅 ...... 219 |
| 我所了解的父母 ...... 210 | 信任背摔 ...... 221 |
| 辛勤的园丁 ...... 212 | 行动大比拼 ...... 224 |
| 穿越丛林 ...... 214 | 你错我做 ...... 225 |
| 生命之旅 ...... 216 | 数青蛙 ...... 227 |
| 风中劲草 ...... 218 | 领袖风采 ...... 229 |

邯郸市职教中心"心海岸心智成长体验中心"导师团队成员简介 ...... 232

# 破冰篇

1. 大风吹
2. 梅花朵朵开
3. 口香糖
4. 激情节拍
5. 大家跟我一起来
6. 找零钱
7. 对对碰
8. 按摩操
9. 机遇与挑战并存
10. 兔子舞
11. 进化论
12. 支援前线
13. 比长短
14. 雨点变奏曲
15. 轻柔体操
16. 扯龙尾
17. 烦恼大爆炸
18. "松鼠"搬家
19. 水果拼盘

## ◎ 大风吹 ◎

**游戏类型**：破冰游戏
**参加人数**：单位班级人数
**游戏时间**：30分钟
**所需材料**：无
**场地要求**：宽敞的教室或户外

 **活动目的**

1. 活动筋骨，可替代早操，帮助同学振奋精神调整好上课的状态。
2. 享受放松和快乐。
3. 活跃气氛，让同学换位置形成新的学习小组，活泼有趣。

 **操作程序**

1. 每个同学都坐在自己的凳子上，全体围成一个圈。
2. 导师站在圈内宣布：

现在我们要做一个游戏：当我说"大风吹"的时候，所有人齐声问："吹什么？"我回答："吹穿黑鞋子的人"时，所有穿黑色鞋子的人都要站起来，重新找不相邻的凳子换位子，动作慢的那个人就可能没有凳子坐了，因为我说完之后也会加入这个游戏。如果我回答："吹绑辫子的人"，所有绑辫子的人就要重新换位子找凳子。以此类推，当我回答："吹戴眼镜的人"时，所有戴眼镜的人换位子，其他人坐在原来的座位上不动。明白了吗？最后一个动作慢没有重新找到凳子的人，就要像我这样站到中间来指挥，直到他抢到凳子，产生新的喊口令的人。

3. 一个完整的口令过程如下：

喊口令者："大风吹。"
同学："吹什么？"
喊口令者："吹……。"（物品由喊口令者自行决定）
同学开始换位子。
另一轮开始："大风吹。"
……

 **温馨提示**

1. 这是一个典型的破冰游戏，简单易行，而且效果很好。
2. 吹什么可根据学生的特点、共性随意定。
3. 本游戏可应用在课程开始或让大家放松的时候。
4. 应特别强调不允许就近与相邻的人交换位置。

---

游戏类型：破冰游戏
参加人数：单位班级人数
游戏时间：20分钟
所需材料：无
场地要求：宽敞的场地

 **活动目的**

1. 活跃气氛，使同学相互认识。
2. 初步培养同学的集体感和认同感。

 **操作程序**

1．所有同学围成一圈，导师站在中间。
2．导师说："梅花朵朵开。"同学问："开几朵？"导师答："开5朵！"五个同学迅速围在一起。
3．开几朵的回答是不固定的，导师说开几朵，就几个同学围在一起。
4．落单或没凑够数的同学要接受惩罚，如介绍自己并表演节目。

 **温馨提示**

本游戏也可作为组建团队阶段的分组环节。

游戏类型：破冰游戏
参加人数：单位班级人数
游戏时间：20分钟
所需材料：无
场地要求：宽敞的场地

 **活动目的**

1．活跃气氛，使学生相互认识。

2．帮助学生分组，初步培养同学的集体感和认同感。

### 操作程序

1．学生围成一圈，导师站在中间。
2．导师说："口香糖。"学生问："粘什么？"导师答："粘5只左手！"五个学生伸出左手握在一起（答案不固定，导师可自行决定）。
    落单或没凑够数的学生要接受惩罚，如介绍自己并表演节目。

### 温馨提示

本游戏也可作为组建团队阶段的分组环节。

**游戏类型**：破冰游戏
**参加人数**：单位班级人数
**游戏时间**：30分钟
**所需材料**：无
**场地要求**：宽敞的场地

### 活动目的

1．活跃气氛。

2．培养同学初步的集体感。

 **操作程序**

1．同学围成一圈，确定口号，如"我们是最棒的团队！"
2．游戏动作说明：同学将双手放于胸前，先拍左边同学的后背，口中齐声报"一"，再拍右边同学的后背，口中齐声报"一"，再双手击掌，口中报"我"；再拍左边同学的后背，口中齐声报"一二"，再拍右边同学的后背，口中齐声报"一二"，再俯身击掌，口中报"我们"；依次叠加数字和口号……

 **温馨提示**

本游戏也可作为团队合作项目进行分组PK，PK以团队整齐划一且用时少为标准决定胜负，导师可根据具体情况自行掌握。

# 第一部分 破冰篇

## 大家跟我一起来

游戏类型：破冰游戏
参加人数：单位班级人数
游戏时间：20分钟
所需材料：无
场地要求：宽敞的教室或户外

### 活动目的

增强小组成员间的熟悉度和亲密感，打破防卫心理，消除拘谨情绪。

### 操作程序

1．请全体或分组同学围圈站立。
2．确定游戏的主题（水果、蔬菜等）。
3．配上口令"大家跟我一起来"，各小组开始游戏。

**具体规则：**

（1）"大家"，全体同学双手同时拍打大腿一下。
（2）"跟我"，全体同学同时拍手一下。
（3）"一起"，全体同学伸出左手大拇指。
（4）"来"，全体同学伸出右手大拇指。
（5）全体同学双手同时拍打大腿一下。
（6）全体同学同时拍手一下。
（7）某个学生："苹果"。"苹"——全体同学伸出左手大拇指，"果"——全体同学伸出右手大拇指。
（8）全体同学双手同时拍打大腿一下。
（9）全体同学同时拍手一下。
（10）"一"，全体同学伸出左手大拇指。
（11）"个"，全体同学伸出右手大拇指。

以此类推，直到有人中途出错。（说过的词语不能重复说）

各小组熟练后，可在小组间进行比赛，坚持不出错时间最长小组获胜。或者以班级为单位，记录班级所有学生不出错完成一轮需要的时间，逐步缩短时间进行挑战。

 **温馨提示**

作为典型的破冰游戏,简单易行,而且气氛非常热烈。

```
游戏类型：破冰游戏
参加人数：单位班级人数
游戏时间：15分钟
所需材料：无
场地要求：宽敞的场地
```

 **活动目的**

1．活跃团队气氛。
2．让大家了解每个人都有其存在的价值,从而懂得互相尊重和珍惜。

 **操作程序**

1．在游戏开始前,导师讲解规则。假定男生代表 1 元钱,女生代表 5 角钱。
2．导师说出具体金额,由男女生自由组合,最快组合完毕的即为获胜者,落单或者组合错误的则视为失败。
3．失败的同学介绍自己并表演节目。

 **温馨提示**

1．本游戏可用于课程开始前或课间休息的小活动。

2．本游戏简单易行，活跃气氛效果不错。

游戏类型：破冰游戏
参加人数：单位班级人数
游戏时间：20分钟
所需材料：无
场地要求：宽敞的教室或户外

 **活动目的**

1．活动筋骨，让同学保持一种良好的精神状态参加活动。
2．享受放松和学习乐趣。

 **操作程序**

1．所有的同学围成一个大圈，导师站在中间。
2．相邻的两个同学组成1对搭档，搭档要面对面站立。
3．导师站在圈中向大家说：这个活动会进行很多次，每次圆圈中间会有1个人，这个人现在是我，待会儿可能是其他人。圆圈中的人发布命令，所有的命令都是让搭档们互相接触彼此身体的某个部位。听到命令后，搭档们必须按要求尽快完成，同时嘴里还要重复命令内容。比如：命令是"膝盖对膝盖"，每个人都要与自己的搭档膝盖相碰，同时口中喊："膝盖对膝盖"；当圈中人的命令是"眼睛对耳朵"的时候，你们就用一个人的眼睛接触另一个人的耳朵，边做边用语言重复："眼睛对耳朵"。

4．只有当圈中人的命令是："人对人"的时候，圈中发布命令的人可以去抢一个伙伴，而其他所有的搭挡必须迅速更换新伙伴，最终落单没有抢到伙伴的人将站到中间成为发布命令的人，遵循相同的规则发布命令，直到获得新伙伴，另一个人成为新的发布命令的人。

5．所有被使用过的口令不能重复再次使用。

**温馨提示**

1．这是一个典型的破冰游戏，简单易行，而且气氛非常热烈。
2．如有必要，导师可规定口令不能使用一些敏感部位。
3．同学参与人数最好多于10人。
4．导师需要根据同学人数灵活变化，如果同学人数是偶数，导师就与同学一起参与这个游戏。若同学人数是奇数，导师示范完毕后，让同学推举出一个发布命令的人，宣布开始游戏，而导师只在旁边观察。

# 第一部分 破冰篇

## 按摩操

游戏类型：破冰类
参加人数：单位班级人数
游戏时间：20 分钟
所需材料：无
场地要求：宽敞的教室或户外

### 活动目的

1．活动筋骨，让同学在良好精神状态下进行活动。
2．享受放松和学习乐趣。

### 操作程序

1．全班同学按 10～12 人一列站成方队，每位同学把双手放在前面人的肩上，先前后晃一晃，然后跟随导师的口令做动作：

揉揉肩呀揉揉肩，揉揉肩呀揉揉肩，一二三，三二一，一二三四五六七，七六五四三二一。

2．把双手变成空心拳放在前面人的背上，一边做一边说：

拍拍背呀拍拍背，拍拍背呀拍拍背，左拍拍，右拍拍，上拍拍，下拍拍，一二三，三二一，一二三四五六七，七六五四三二一。

3．把掌变成空心拳放在前面人的腰上，一边做一边说：

捶捶腰呀捶捶腰，捶捶腰呀捶捶腰，你美我美大家美。左捶捶，右捶捶，上捶捶，下捶捶，一二三，三二一，一二三四五六七，七六五四三二一。

4．把手放在前面人的大腿两侧，一边做一边说：

拍拍腿拍拍腿，拍拍腿呀拍拍腿，左拍拍，右拍拍，上拍拍，下拍拍，一二三，三二一，一二三四五六七，七六五四三二一。

5．把手放在前面人的头顶上，一边做一边说：

摁摁头呀摁摁头，摁摁头摁摁头，一二三，三二一，一二三四五六七，七六五四三二一，上揉揉，下揉揉，太阳穴上揉一揉，耳垂下面拉一拉。

11

6．把双手举起来伸出食指，听口令，然后把两个食指放在前面人的胳肢窝下。

7．做完之后向后转，动作及口令同上。

 **温馨提示**

考虑到职校生的年龄特点，本游戏尽可能用于同性同学进行团体游戏。

机遇与挑战并存

游戏类型：破冰游戏
参加人数：单位班级人数
游戏时间：10分钟
所需材料：无
场地要求：无特殊要求，稍大的空间

 **活动目的**

1．让同学活动起来。

2．放松，获得一些乐趣。

 **操作程序**

1．所有的同学围成一个大圆圈。
2．导师让每个同学向身体两侧自然伸开双臂。右手握拳，只伸出拇指，指向右边，左手手掌心向下。
3．导师让相邻的人的拇指抵到右边同学左手的掌心，而他左边的同学同样伸出右手拇指，抵向他右边同学的左手掌心，以此类推。
4．导师宣布：现在我要讲一个故事，当这个故事中出现"水"字时，你们所有的人都要用左手尽量去抓相邻的左边的人的拇指，同时尽量让自己的拇指不要被别人抓住。
5．导师开始讲故事：

从前有一个小和尚，有一次他下山去挑木材，半路上突然下起了雨，一下子他浑身都湿透了，他干脆脱下袈裟到河边去洗。洗好后，他把袈裟从河里拿出来，然后，他拼命地拧，拧啊拧啊拧啊，拧出了好多沙子。然后小和尚穿上袈裟继续赶路，路上遇到他的大师兄，大师兄扛着一箱矿泉水，大师兄看着小和尚，担心他感冒，就叫他回寺庙。小和尚回去煮了一锅热饭，吃饱饭以后，又烧了一锅热水，洗了一个热水澡。

 **温馨提示**

1．本游戏可用作上课开始前或课间休息的小活动。
2．当用作破冰活动时，导师不需要向同学提任何问题或发起讨论。
3．本游戏可应用于沟通课程中，讨论聆听、注意力与反应力等。
4．本游戏简单易行，训练效果不错。

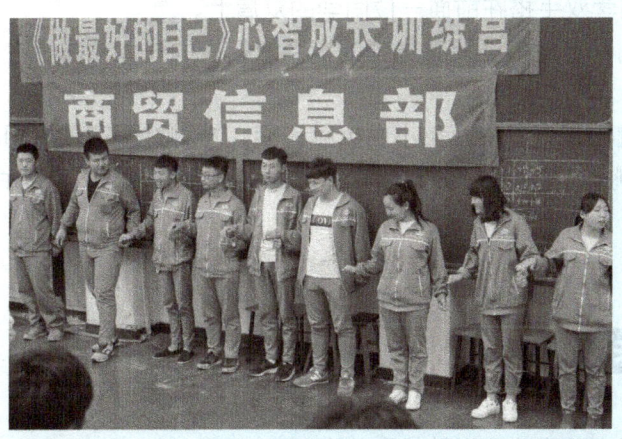

## 兔子舞

游戏类型：课间小游戏 / 破冰游戏
参加人数：单位班级人数
游戏时间：20 分钟
所需材料：《兔子舞》音乐
场地要求：无特殊要求，稍大的空间

 **活动目的**

1．让同学活动起来。
2．放松、休息，获得一些乐趣。

 **操作程序**

1．所有同学围成一个大圆圈。
2．后面一位同学双手搭在前面一位同学的双肩上。
3．导师告诉同学，他们要随着导师的指令做相应的肢体动作。在活动过程中队伍不能散开。
4．导师开始宣布指令：小白兔小白兔跳一跳，左脚跳两下，右脚跳两下，双脚合并向前跳一下，向后跳一下，再连续向前跳三下，最后我们大家都蹲下；小白兔小白兔跳一跳，左脚跳两下……

 **温馨提示**

1．可用于课间小游戏让同学放松和休息。
2．导师不需要问同学任何问题或讨论。
3．本游戏简单易行，效果不错。

游戏类型：破冰游戏
参加人数：单位班级人数
游戏时间：10分钟
所需材料：无
场地要求：宽敞的空间

 **活动目的**

1．让同学互动起来。
2．改变和活跃气氛。
3．让同学感受快乐的同时体验挫折。

 **操作程序**

  导师告诉同学要进行一个游戏，这个游戏和人类进化史有相关之处，但与我们以前在书本上学到的知识不同的是，此次进化的全过程是：蛋—— 鸡—— 凤凰—— 人。所有人

都必须用尽量短的时间由蛋进化成人。

**具体过程：**

1．全体人员先蹲下扮演鸡蛋，扮演蛋的人走路的时候必须保持蹲的姿势，而后相互找同伴进行猜拳。赢者进化为小鸡，小鸡可以站起来一些，但不能完全直立而必须弯着腿和腰，走路的时候要跳着走。小鸡再找小鸡猜拳，赢者进化为凤凰，输者退化为蛋。凤凰可以站得更高一些，但还是不能完全直立，凤凰的腰是弯的，可以走路。凤凰与凤凰猜拳，输者退化为鸡，赢者进化为人。人可以直立行走完成游戏任务。

2．当导师看到约 2/3 的参与者都进化为人或者曾经进化为人时，游戏结束。

### 温馨提示

1．只有同级的人才可以猜拳，即蛋只能与蛋，鸡只能与鸡，凤凰只能与凤凰猜拳。

2．这只是一个破冰游戏，意在营造轻松的气氛，一般不需要进行学习讨论。

3．如果讨论，可做如下讨论：

（1）最先变成凤凰的人是怎样快速成功的？

可能的答案：运气；比较善于猜拳；对手水平太差……

（2）现在是小鸡或蛋的人，是否曾经进化成为凤凰？或者有谁是从蛋到凤凰后来又变回其他的？

可能的答案：可能有相当多的人说"有"。

（3）引导方向：本游戏又名"成长三部曲"。每个人的成长过程都并非一帆风顺，有顺境也有逆境，就像刚才的游戏过程，等你进化成凤凰即将成为人时却有可能又回到始点，人生就是这样，关键是我们应该如何面对挫折，坚持不懈……

# 第一部分 破冰篇

## 支援前线

游戏类型：破冰游戏、团队建设
参加人数：单位班级人数，分组进行
游戏时间：15分钟
所需材料：无
场地要求：无特殊要求，空间稍大即可，最好是户外

### 活动目的

1．让同学活动起来。
2．让同学相互协作完成任务。

### 操作程序

1．导师将同学分成小组，每组4人以上。
2．让每组中的1位同学站到讲台上充当"前线士兵"，其他人在台下各自的位置上。
3．导师宣布：你们的前线士兵需要一些物品，你们要竭力支援他，如果你们不能提供或提供不及时的话，你们的士兵就可能会阵亡。士兵需要的物品由我说明。
4．导师开始说明：现在你们的士兵需要一块橡皮、一支铅笔、一双袜子……
5．每说完一样物品，导师留约30秒的时间让各小组将相关物品送到各自的士兵手中。
6．等到念完所有的物品，导师核查每个士兵收到的物品是否齐全。
7．没有得到及时供应的士兵将"死去"，该小组不能继续参加比赛。
8．坚持到最后的小组和士兵获胜。

### 温馨提示

1．此游戏不仅适用于课程开始前或课间破冰游戏活动，还可被广泛应用于晚会或其他集体活动。
2．若想增加游戏难度或使气氛更热烈，导师可以让各小组提供一些稀奇古怪或意想不到的物品。
3．所有供应物品由导师自己确定，导师可事先列一个清单。

游戏类型：破冰游戏

参加人数：单位班级人数，分组进行

游戏时间：20分钟

所需材料：无

场地要求：宽敞的场地

 **活动目的**

1. 让同学通过竞猜游戏活跃团队气氛，适合刚认识或相互还不认识的集体。
2. 让同学一起协作，建立团队精神。
3. 让每个人都活动起来。

 **操作程序**

1. 在游戏开始前，将同学分组，8～10人一组最佳。

2．导师宣布要比赛的两个组，然后每组派出一位他们认为会赢对方小组的人。
3．两组派出人员确定后，导师说出比什么。
4．最后比较哪组赢的次数多即可。

温馨提示

1．本游戏可用于课程开始前或课间休息的小活动。
2．本游戏简单易行，用来活跃气氛效果不错。
3．"比什么"必须在看到被派出的人之前确定，尽可能不被大家猜中，这样会更有趣。
4．"比什么"的内容提示：
比长：比手臂；比上衣；比头发……
比短：比手指；比裤子……
比高：比声调；比手抬起来的高度……
比大：比眼睛；比手掌……
比多：比身上饰物；比穿的衣服；比身上的扣子……

## 雨点变奏曲

游戏类型：破冰游戏
参加人数：单位班级人数
游戏时间：15分钟
所需材料：无
场地要求：室内宽敞的场地

 **活动目的**

让同学活跃气氛，增强组员的注意力，培养团队的合作性。

 **操作程序**

1．导师讲解规则。

活动规则：

搓手——吹风

两手指拍——下小雨（用右手二指轻拍左掌）

双手掌拍——下中雨（用右手四指拍左掌）

手脚并动——下大雨（用五指拍左掌）

手脚口并动——狂风暴雨（用双手鼓掌加跺脚再加嘴里发出"呼呼"的声音）。

2．导师讲故事，故事内容包含上述各种声响，同学根据导师的故事内容做出相应的动作。

 **温馨提示**

在游戏过程中，若有同学犯规，可请他介绍自己并表演节目或导师选择其他利于团队的惩罚措施也可。

## 轻柔体操

**游戏类型**：破冰游戏
**参加人数**：单位班级人数
**游戏时间**：20分钟
**所需材料**：无
**场地要求**：宽敞的场地

### 活动目的

1．放松，减轻焦虑，活跃气氛。体操运动也是心理和生理治疗的一部分。体操可以使同学对自己的身体更加了解，对自己的存在更有实质的把握。

2．让每个人都活动起来。

### 操作程序

1．全班同学围成圆圈，面对圆心，导师也在队伍里。预留足够的活动空间。

2．导师先带头做一个动作，要求同学不评价不思考进行夸张模仿，就像哈哈镜一样，越夸张越好。然后每个人（或部分人，根据时间而定）依次做一个自己想出来的动作，大家一起模仿。无论什么动作都可以达到放松、缓解紧张气氛的目的。有时，一些极富创造性的动作会引起大家愉快的笑声。

**温馨提示**

1．本游戏可用于课程开始前或课间休息的小活动。
2．本游戏简单易行，训练效果不错，但需注意同学安全。

---

**游戏类型**：破冰游戏
**参加人数**：单位班级人数，分组进行
**游戏时间**：20分钟
**所需材料**：彩带或绳或报纸条或类似的条状物体
**场地要求**：宽敞的场地

**活动目的**

活跃团体气氛。

**操作程序**

1. 将同学分成若干组，8～10人一组最佳。
2. 每组排成一列，手放在前面人的肩上，在最后的人的背上挂上彩带。
3. 游戏开始时，每组最前面的人要去捉住其他组组尾的彩带，而组尾的人则要躲避不让人捉到其尾巴。
4. 若捉到别人的尾巴，两组便合成一组，变成一条更长的"龙"。
5. 游戏继续进行，直至所有组合并为一条龙为止。
6. 排在这条长龙的最后的一组，是获胜者。

**温馨提示**

1. 本游戏可用于课程开始前或课间休息的小活动。
2. 本游戏简单易行，效果不错，但需注意同学安全。

游戏类型：破冰游戏
参加人数：单位班级人数
游戏时间：30分钟
所需材料：气球数十个，橡皮筋或细绳若干
场地要求：宽敞的场地

 **活动目的**

训练同学的注意力和反应能力，活跃气氛。

 **操作程序**

1．参加者每人分给气球一个，橡皮筋两根，将气球吹起来以后，扎紧套于脚后跟。
2．要求参加者双手抱胸，用脚去踩破他人的气球，并保护自己的气球。
3．最后气球未被踩破的人为获胜者。游戏中可以用肩去顶撞他人，但不得用手去推别人。

 **温馨提示**

1．本游戏可用于活动开始前或休息时间的破冰活动。
2．本游戏简单易行，训练效果不错，但要提醒同学注意安全。

## "松鼠"搬家

游戏类型：破冰游戏
参加人数：单位班级人数，分组进行
游戏时间：30分钟
所需材料：无
场地要求：宽敞的场地

 **活动目的**

1．让同学在游戏中体验竞争和被淘汰的残酷，感受合作的力量。
2．开拓同学的思维方式，在竞争中体验双赢的快乐。

 **操作程序**

1．所有同学围成一个圆圈并进行 1-2-3、1-2-3……报数。
2．其中报 1 和 3 的两人双手举起对撑搭成一个"小木屋"，报 2 的人扮"小松鼠"，蹲在"小木屋"里。
3．根据导师的口令进行变化，如：
（1）"松鼠搬家"——"小松鼠"们都动起来，各自调换到其他的"小木屋"。
（2）"樵夫砍柴"——搭建"小木屋"的两个人动起来并且分开，寻找新的"樵夫"搭建新的"小木屋"。
（3）"森林大火"——"小松鼠"可以变成"樵夫"，"樵夫"可以变成"小松鼠"。
4．导师可以不断变化着发出口令，同学们则做出相应的变化。在活动一开始安排两只无家可归的"小松鼠"充当竞争的角色，这样在变化中必然会有新的"小松鼠"或"樵夫"被淘汰出来。

 **温馨提示**

1．要有足够大的活动空间，便于"小松鼠"和"樵夫"跑动及角色转换。
2．本活动是人数越多效果越好，无家可归的"小松鼠"和没有"小松鼠"的"小木屋"将被淘汰。
3．导师要关注被多次淘汰的"小松鼠"和"樵夫"，可以请他们表演节目或交流被淘汰的原因及心理感受。

4．本游戏可用于课程开始前或课间休息的小活动。

游戏类型：破冰游戏
参加人数：单位班级同学，分组进行
游戏时间：20分钟
所需材料：无
场地要求：宽敞的空间

 活动目的

1．活跃气氛，营造积极的活动氛围。
2．培养学生的集体感和认同感。

 操作程序

1．分组：一般分为6～8个组，各组围成一个小圆圈。
2．每个组扮演一种名称为两个字的水果或蔬菜（例如：苹果、南瓜、西瓜、洋葱、菠萝等）。
3．开始游戏：由其中一个组开始，比如苹果组开始齐喊"苹果蹲、苹果蹲、苹果蹲完南瓜蹲"，并要求做出相应的动作，在传给南瓜组时，苹果组要一起指向他们。

4．南瓜组必须立即接着齐喊"南瓜蹲、南瓜蹲、南瓜蹲完西瓜蹲"，同样要做出相应动作并一起指向西瓜组。

5．西瓜组立即接着齐喊"西瓜蹲、西瓜蹲、西……"，如此往返。

6．反应慢的组和传错的组，请导师做好记录，失误两次即被淘汰或表演节目以示惩罚等。

7．最后剩下两个组时游戏宣告结束。

**温馨提示**

1．可以逐渐加快游戏节奏和速度，以增加游戏难度。

2．不允许回传。例如，苹果组传给菠萝组，菠萝组不可以回传给苹果组，若菠萝组传给南瓜组，南瓜组可以传给苹果组。

# 相识篇

1. 滚雪球
2. 相识一条龙
3. 炸气球
4. 棒打薄情郎
5. 寻人游戏
6. 记者采访
7. 猜猜是谁
8. 有缘相识

游戏类型：相识
参加人数：单位班级人数，分组进行
游戏时间：30 分钟
所需材料：无
场地要求：宽敞的场地

 **活动目的**

活跃气氛，打破僵局，加深同学之间的了解。

 **操作程序**

1．分组：每组 8～10 人最佳。
2．导师介绍规则，小组同学围成一圈。
3．任意提名一位同学介绍班级/爱好/昵称/喜好等（由导师视具体情况而定），第二名同学接力介绍，但是要说：我是×××旁边的×××，第三名同学说：我是×××旁边的×××旁边的×××，以此类推，最后介绍的一名同学要将前面所有同学的自我介绍复述一遍。

例：我是来自永年的喜欢篮球的×××，旁边的是来自邯郸的喜欢足球的×××，旁边的是来自……

 **温馨提示**

1．游戏改成由一人起立介绍左右邻居的朋友也可以。
2．本游戏也可用于课程开始前的破冰活动。

## 相识一条龙

**游戏类型：**相识
**参加人数：**单位班级人数
**游戏时间：**30分钟
**所需材料：**无
**场地要求：**宽敞的场地

### 活动目的

1．活跃气氛，打破僵局。
2．使团体成员之间彼此认识和熟悉。

### 操作程序

1．两人伸出双手，手背贴手背，说"之前不认识"。说完，两人大拇指相按，说"这次见到你"，然后手掌翻一下，变成握手状说"高兴问个好！"如果是认识的，就说"之前就认识，再次见到你，高兴问个好！"（手势同上），并做自我介绍（我叫×××，你可以叫我××）。

2．接下来，两人PK（石头、剪刀、布），赢者做龙头，另一人在他后边抓住他，龙头再去找其他的龙头PK（石头、剪刀、布），输的队整队到赢的队后边，直至最后形成一条长龙。

### 温馨提示

本游戏也可用于课程开始前的破冰活动。

## 炸气球

**游戏类型：** 相识
**参加人数：** 单位班级人数，分组进行
**游戏时间：** 20 分钟
**所需材料：** 气球（最好同一颜色），空白小纸条，笔（按同学人数准备）
**场地要求：** 宽敞的场地

 **活动目的**

1. 活跃气氛，打破僵局。
2. 使团体成员之间彼此认识和熟悉。

 **操作程序**

1. 分组：每组 8～10 人最佳。
2. 每一组先选出全组中最好记的一个人的名字。
3. 选好后，导师给其他每个人一个气球和一张小纸条。
4. 每个人在纸条上写上自己的名字，放入气球内，吹好气球。
5. 把全部的气球放在场地中央，除了被选出的人外，其余的人围着气球坐成一圈。
6. 先从名字好记的人开始选出一个气球来，这是一个竞赛游戏，当导师说"开始"后，他们必须赶快把手中的气球弄破，念出纸条上的名字，被念到名字的人必须赶快选另一个气球弄破。一直持续到全部的气球被弄破。

 **温馨提示**

1. 本游戏可用于课程开始前的破冰活动。
2. 气球不要吹得太大，以免不小心弄破时被炸到。

## 棒打薄情郎

**游戏类型：** 相识
**参加人数：** 单位班级人数
**游戏时间：** 20分钟
**所需材料：** 旧挂历纸或旧报纸卷成一根纸棒（或充气棒）
**场地要求：** 宽敞的场地

### 活动目的

1. 活跃气氛，打破僵局。
2. 使同学尽快相识，增强团体凝聚力。

### 操作程序

1. 全体同学围圈而坐，轮流介绍自己的名字、兴趣、出生年月日等个人资料。每个人都要专心去记其他同学的资料。

2. 然后站成一圈，选出一个执棒者站在圈中间，由他面对的人开始大声叫出一个同学的姓名，执棒者马上跑到那个被叫的人面前。被叫的人马上再叫出另一个同学的姓名。如果叫不出，就会受当头一棒。然后再由他执棒。

3. 以此类推，直到大家熟悉彼此的姓名为止。如果一个人3次被打就必须出来表演节目，作为惩罚。

 **温馨提示**

1. 本游戏可用于课程开始前的破冰活动。
2. 如果参与人数较多，可分组进行游戏。
3. 注意安全，不要击打头部。

游戏类型：相识
参加人数：单位班级人数
游戏时间：15～20分钟
所需材料：小礼品若干
场地要求：教室

 **活动目的**

增进同学之间的相互了解，活跃课堂气氛。

 **操作程序**

1. 把寻人游戏工作表发给每名同学。

2．让每名同学以最快的速度找到与表格中相匹配的人，然后在表格中签名，但一份工作表上每人只能签一个格子，尽管他/她可能有不止一项相匹配的内容。

3．最先获取全部签名者为胜利者，导师将事先准备一些小礼品作为奖励。

**温馨提示**

1．关于寻人游戏工作表的内容可以提前做一个学生调查，根据调查结果修改工作表内容。

2．可以进行相关讨论。例如：通过这一活动，你是否对本班的同学有了进一步的了解，这些信息对于增进同学之间的友谊及改善人际关系有什么作用？

**附表　寻人游戏工作表范例**

寻找一个他/她

| 内 容 要 求 | 签　　名 | 内 容 要 求 | 签　　名 |
| --- | --- | --- | --- |
| 喜欢红色 | | 2000—2005年出生 | |
| 会打羽毛球 | | 4月份的生日 | |
| 喜欢手工 | | 会说三种语言 | |
| 喜欢喝果汁 | | 喜欢游泳 | |
| 喜欢唱歌 | | 去过上海 | |
| 获得过"三好学生"荣誉 | | 穿一件条纹衬衫 | |
| 喜欢阅读 | | 戴眼镜 | |
| 能使用计算机 | | 担任过班长 | |
| 去过北京 | | 有一个兄弟 | |
| 会说英语 | | 有一个妹妹 | |

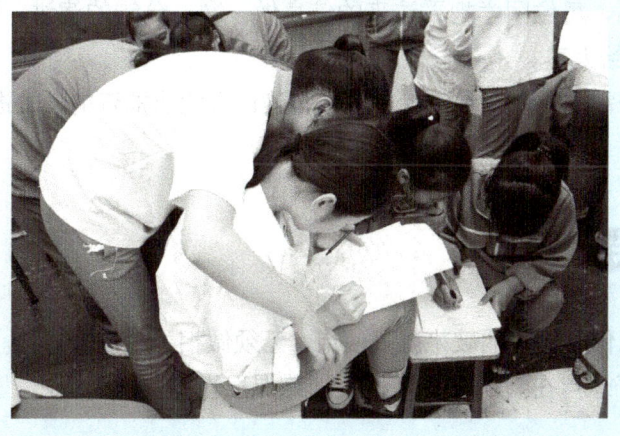

## 记者采访

游戏类型：相识
参加人数：单位班级人数，分组进行
游戏时间：20分钟
所需材料：纸和笔
场地要求：教室

 **活动目的**

1．让同学尽快互相熟悉起来。
2．导师了解同学的演说表达能力。

 **操作程序**

1．让同学们找一个人做搭档，最好不是熟人。
2．搭档双方互相作为记者对对方进行采访，采访内容由自己拟定，时间为3分钟。
3．采访的目的是在3分钟内尽可能获取有深度的信息，要求你在采访过程中做好笔记，完成后再进行角色交换。
4．完成采访后，每位同学把采访来的信息做一次一分钟的演讲，要把你的采访对象以最佳的方式介绍给大家。
5．时间由导师掌握，如果参与人数较多，演讲只能以抽查的形式进行。

 **温馨提示**

1．本游戏可以作为纯粹的破冰游戏使用，无须做相关讨论与总结。
2．本游戏也可运用在演说技巧等相关训练课程当中，作为引出"演说技巧"等内容的引子。

猜猜是谁

游戏类型：相识
参加人数：单位班级人数
游戏时间：20分钟
所需材料：贴纸，笔（按同学人数准备）
场地要求：宽敞的场地

### 活动目的

1．活跃气氛，打破僵局。
2．使同学尽快相识，增强团队凝聚力。

### 操作程序

1．给每个人一张贴纸，要求大家把自己的名字写在上面。

2．导师收集所有的贴纸，然后在每个人背后贴上一张贴纸（不能把本人的名字贴在本人背后），不能让他们知道他们背后的人的名字。

3．游戏开始，每个人必须去问别的人，任何以"是"或"不是"开头的问题，来猜猜他们背后贴纸上的名字。

 **温馨提示**

1．本游戏可用于课程开始前的破冰活动。
2．如果参与人数较多，可分组进行游戏。

游戏类型：相识
参加人数：单位班级人数
游戏时间：30分钟
所需材料：多种颜色的小方形纸若干（每张纸分别剪成4小块彼此能相互契合的形状，按同学人数准备），盒子（装纸片用），欢快的背景音乐
场地要求：宽敞的场地

 **活动目的**

1．通过游戏让同学体验主动交往的乐趣。
2．同学在交流中发现共同爱好，寻找志同道合的朋友。

 **操作程序**

1．在背景音乐的欢快气氛下，导师要求每个参与者到场地中央的盒子里任意选取一张纸片。

2．根据自己所选纸片的颜色与形状，到群体中寻找能与自己所持纸片形状契合的"有缘人"。

3．找到了"有缘人"后，两人坐在一起，相互介绍自己，通过交谈找出彼此间3个以上的共同点。

 温馨提示

1．本游戏比较适用于一个相互陌生的群体。

2．纸片设计时可以4张相互契合拼成一个正方形，这样就会出现一人同时可以与两人相契合的情况。导师可以规定第一个图形契合的人为"有缘人"，也可以要求只要是图形能契合的人都为"有缘人"。

3．有缘人可以是颜色相同形状契合，也可以是颜色不同但形状契合的人，由同学自己理解决定。

4．游戏还可以继续深入，在两个"有缘人"的基础上接着做"成双成对"，继续寻找图形契合的另两个"有缘人"。找到后，4个"有缘人"通过交谈，寻找彼此间存在的3个共同点。

# 团队合作篇

1. 同心杆（齐眉棍）
2. 十人九足
3. 袋鼠跳
4. 链接加速
5. 心心相印（兄弟同心）
6. 坐地起身
7. 心中的塔
8. "啄木鸟"行动
9. 衔纸杯传水
10. 传递呼啦圈
11. 巧渡"玛雅河"
12. 无敌风火轮
13. 气球大赛
14. 踩轮胎
15. 魔方
16. 同舟共济
17. 翻叶子
18. 穿越电网
19. 风雨同行
20. 变形计
21. 狭路相逢
22. 通路
23. 不倒森林

## 同心杆（齐眉棍）

**游戏类型：** 团队合作
**参加人数：** 单位班级人数，分组进行
**游戏时间：** 90～120分钟
**所需材料：** 数根2米长的轻棍（根据活动人数确定），秒表
**场地要求：** 宽敞的空间

 **活动目的**

1．减少同学间的抱怨、指责和不理解，明白"照顾好自己就是对团队最大的贡献"。
2．提高学生在学习中相互配合、相互协作的能力。

 **操作程序**

1．分组：每组10～12人最佳，最好有两组以上的组进行PK。
2．导师讲解规则，请工作人员分发同心杆，每个组设裁判员1人（介绍裁判员），裁判员监督游戏过程中对方是否出现犯规情况并计时。
3．让每组同学站成相对的两行。每个人将右手食指水平伸出（左手放在身后），先统一到胸口的高度，然后上移到眉头前位置。
4．将同心杆放在每个人的食指上，必须保证每个人食指都接触到同心杆，并且手都在同心杆的下面。
5．必须保持同心杆处在水平状态。小组的任务是：在保证每个人的右手（左手放在身后不能帮忙）都在同心杆下面的情况下，将同心杆完全水平地往下移动。一旦有人的右手指离开同心杆或同心杆没有水平往下移动，游戏就要重新开始。
6．全组同学必须全部参加，裁判员要严格监督。
7．从齐眉高度开始到全组同学一起将木棍放在地上用时最少的小组获胜。

 **相关讨论**

1．在游戏过程中，大家听到最多的是什么？
2．你在整个活动中起到了什么作用？
3．大家为什么会发生这样的情况？

4．由刚才的活动你想到了什么？

5．在我们的学习当中，只有目标清楚还不够，那么还需要具备什么？

**可能答案：** 领导，协调，关注自己，信任他人。

6．大家是不是都很用心？我们的学习、生活、交往除了自己用心外，你觉得还应该怎么做？

7．最后，你们小组是如何配合的？（自由发言）

8．从这个游戏中你学到了什么？（小组分享后推选代表总结发言）

9．什么有助于最后结果的产生？什么阻碍了最后结果的产生？

**游戏总结**

本游戏可以从多方面进行总结，列举如下：

1．团队如何做计划：目标——资源——计划过程——选择方案——执行——改善。

2．团队合作：每个人都积极参与、互相配合。

**温馨提示**

1．游戏进行中不能说话，但可以说"停""下"两个字。

2．每人用一个手指接触同心杆，姿势规范。

3．如果有一个人的手指离开或不规范，就要重新开始。

4．从齐眉高度开始，到全体同学一起将木棍放在地上结束。

## 十人九足

游戏类型：团队合作
参加人数：单位班级同学，分组进行
游戏时间：90 分钟
所需材料：足够的绑腿带，秒表数个
场地要求：宽敞的空间

 **活动目的**

1．团队之间的配合，让同学明白合作的重要性。
2．培养同学们的自信心、责任感。
3．建立同学之间的信任感。

 **操作程序**

1．分组：每组 8～10 人最佳，最好有 2 个以上的组进行 PK。
2．导师讲解规则，抽签决定各组出发顺序。
3．以组为单位，组内同学排成一横排，相邻的人把腿系在一起，站在起跑线上，做好准备，待发令员发令，即开始比赛。
4．当到达终点时，裁判员吹哨，计时员记时。

 **相关讨论**

1．如果参加游戏的同学能够保持动作协调一致，这个任务是不是更容易完成？为什么？
2．你们是否想过一些办法来保证同学之间动作协调一致？
3．要想取得成功，最重要的因素是什么？
4．你们以后在生活中、学习中会怎么做？

 **游戏总结**

本游戏可以从多方面进行总结，列举如下：

1．团队合作很重要：每个人都积极参与、互相配合。
2．保持团队整体性：团队领导者对组员进行指挥和协调。

 **温馨提示**

1．游戏进行中注意安全。

2．注意事项：

（1）绳子应捆在脚踝处，并捆紧，如中途松开，应回到出发点重新准备好之后再开始。

（2）中途若队中有人摔倒，应立即停下来，回到出发点重新准备好之后再开始。

（3）发令员应该等两队同学全部准备好后再发令。

（4）尽量在无坡度、无障碍的宽敞空间进行；若在室内进行则需保证有足够宽敞的空间供大家活动开来。若在户外进行，遇地面不平的场地，必须提前告知同学，并提醒同学先注意一下地面的状况。

游戏类型：团队合作
参加人数：单位班级同学，分组进行
游戏时间：90分钟
所需材料：布袋若干，秒表数个
场地要求：宽敞的空间

 **活动目的**

1．让同学们明白合作的重要性。
2．培养同学们的团队合作精神及协调能力，增强班级凝聚力。

 **操作程序**

1．分组：每组 8～10 人最佳，最好有两个以上的组进行 PK。
2．以组为单位，每支队伍平均分为两个小队记为 A、B，相向各排成一纵队。
3．比赛开始前，每组 A 队的第一名同学将布袋套至腰部，听裁判员发令后向 B 队前进，中途布袋不得脱离双腿，至 B 队时脱去布袋，由 B 队同学套上布袋向 A 队前进，如上述循环直至最后一名同学。

 **相关讨论**

1．如果参加游戏的同学能够保持动作协调一致，这个任务是不是更容易完成？为什么？
2．要想取得成功，最重要的因素是什么？
3．你们以后在生活中、学习中会怎么做？

## 游戏总结

团队合作:每个人都积极参与、互相配合。

## 温馨提示

1. 游戏进行中注意安全。

2. 注意事项:

(1)在比赛过程中,如有同学摔倒可以自行爬起,但布袋必须始终套在腿上,如有滑落必须重新套上后方可继续比赛。

(2)从开始脱下布袋交接,至下一名同学的布袋完全套好前,整个交接过程必须在跑道端线以外进行,不能越线。

(3)场地的选择尽量在无坡度、无障碍的宽敞空间进行。若在室内进行则需保证有足够宽敞的空间供大家活动开来。若在户外进行,遇地面不平的场地,必须提前告知同学,并提醒同学初步感受一下地面的状况。

```
游戏类型：团队合作
参加人数：单位班级同学，分组进行
游戏时间：60分钟
所需材料：秒表数个
场地要求：宽敞的空间
```

1．让同学明白合作的重要性。
2．培养同学们的团队合作精神及协调能力。

1．分组：每组8～10人最佳，最好有两个以上的组进行PK。
2．以组为单位，后边的人左手抬起前边的人的左腿，右手搭在前边的人的右肩形成小火车，最后一名同学也要单脚跳步前进，不能双脚着地。
3．场地上画好起跑线和终点线，其距离为30米（以一篮球场宽为准，往返），游戏开始时，各队从起跑线出发，跳步前进，绕过障碍物回到起点，最先到达起点的为胜。
4．按时间记名次，按名次记分。

1．如果参加游戏的同学能够保持动作协调一致，这个任务是不是更容易完成？为什么？
2．你们是否想过一些办法来保证同学之间动作协调一致？
3．要想取得成功，最重要的因素是什么？
4．你们以后在生活中、学习中会怎么做？

**游戏总结**

团队合作：每个人都积极参与、互相配合。

**温馨提示**

1．游戏进行中注意安全。

2．注意事项：

（1）在游戏过程中同学必须跳步前进，不允许松手（一直保持抬起前边的人的左腿），以防止出现断裂现象，队伍断裂必须重新组织好，从起点重新开始游戏。如果不重新组织，继续前进，则成绩无效。

（2）以各队最后一名同学通过终点线为准。

（3）在比赛过程中，参赛队必须在规定的赛道进行比赛，不许乱道，犯规一次罚时2秒，依次累加。

## 心心相印（兄弟同心）

游戏类型：团队合作
参加人数：单位班级同学，分组进行
游戏时间：90 分钟
所需材料：气球（或篮球、足球）若干，秒表数个
场地要求：宽敞的空间

 **活动目的**

1．让同学明白合作的重要性。
2．培养同学们的团队合作精神及协调能力。
3．提高同学之间相互的默契度，其中用劲的适度起着至关重要的作用。

 **操作程序**

1．分组：每组 8～10 人最佳，组员需要为双数，最好有两个以上的组进行 PK。
2．以组为单位，组内两人为一对搭档，背夹一个气球（或排球、篮球、足球均可），步调一致地向前走，绕过转折点回到起点传给下一对搭档开始前进，直至全组所有同学完成任务。
3．向前走时，双手不能碰到气球，否则一次罚时 2 秒；途中如果气球掉下来，必须从起点重新开始游戏。最先完成者胜出。
4．按时间记名次，按名次记分。

 **相关讨论**

1．在游戏过程中，你们是用哪种动作夹球的？
2．你们组内的同学都是一样的动作吗？为什么？
3．要想取得成功，最重要的因素是什么？
4．你们以后在生活中、学习中会怎么做？

**游戏总结**

团队合作很重要：每个人都积极参与、互相配合。

**温馨提示**

1．在比赛过程中如有气球落地情况出现，需返回起点重新开始。
2．在比赛过程中如有气球爆破，需从起点重新开始比赛。
3．途中不得以手、臂碰球，如有违反均视为犯规。每碰球一次记犯规一次，每犯规一次比赛成绩加时 2 秒。
4．以各组最后一对搭档通过终点线为准。
5．在进行接力时，接力方必须在规定区域内完成接力活动。

## 坐地起身

游戏类型：团队合作
参加人数：单位班级同学，分组进行
游戏时间：90分钟
所需材料：无
场地要求：宽敞的空间

 **活动目的**

团队同学之间的合作和配合，让同学明白合作的重要性。

 **操作程序**

1．分组：每组8～12人最佳，最好有两个以上的组进行PK。
2．导师讲解规则，要求每组从两人开始，背对背地坐在地上，不用手撑地同时站起来。
3．随后依次增加人数，每次增加两个直至组内同学全部参与。
4．各组设置起身的时间目标。

 **相关讨论**

1．你能仅靠一个人的力量就完成起立的动作吗？
2．如果参加游戏的同学能够保持动作协调一致，这个任务是不是更容易完成？为什么？
3．你们是否想过一些办法来保证同学之间动作协调一致？
4．如何达成设置的目标？
5．人生没有目标可以吗？
6．你最近的目标是什么？

 **游戏总结**

本游戏可以从多方面进行总结，列举如下：

1．团队合作很重要：相互依靠才能成为一个团队。
2．发挥团队的智慧：团队领导者对组员进行指挥和调动。
3．目标的设置和实现。

**温馨提示**

1．在游戏进行中注意安全。
2．可以尝试超过单位小组人数的同学一起完成,例如两个组的同学全部参加共同完成。
3．注意事项：
（1）尽量选择在平坦且满足席地而坐的条件的场地。
（2）每组每次增加一人，如果失败需再来一次，直到成功才可再加一人。
（3）游戏开始前，要询问同学的身体状况，有腰伤的不能参加。
（4）确保同学的口袋内没有坚硬的物品。
（5）强调如果出现没有起身成功的情况，不要用手去扶地，以免手被踩伤或是擦伤。

## 心中的塔

**游戏类型**：团队合作
**参加人数**：单位班级同学，分组进行
**游戏时间**：90分钟
**所需材料**：每组需要大报纸4张、透明胶带纸1卷、剪刀1把（按小组数准备）
**场地要求**：宽敞的空间

### 活动目的

1．让学生在团体合作中体验领导、配合、服从等角色。
2．培养学生学会悦纳自己、欣赏他人。
3．帮助学生开拓思维，积极创新，大胆表现，追求形式与内涵的和谐。

### 操作程序

1．分组：每组8～10人最佳。
2．每组领取材料一份：报纸4张、透明胶带纸1卷、剪刀1把，在20分钟内完成建"塔"任务，并取好"塔"名。
3．各组推荐一名同学在全班内交流，介绍"塔"名和设计创意。

### 相关讨论

1．你们在游戏过程中遇到了什么问题？
2．你们是怎样分析问题的？
3．游戏过程中有无领导者产生？
4．哪些因素有助于成功完成游戏？
5．哪些因素使完成任务变得更加困难？

 **游戏总结**

1. 团队合作：个人与集体的合作关系对结果会产生重要影响。
2. 团队智慧：在制作"塔"的过程中，集思广益对作品的完成具有重要作用。

 **温馨提示**

1. 导师全程观察各小组建"塔"过程，特别注意组内人员角色确定及角色配合过程。
2. 注意事项：

（1）选出2个观察员，全程观察各小组建"塔"过程，特别注意组内人员角色确定过程。交流结束时做观察报告。

（2）在建"塔"过程中，不许用语言交流，观察员应及时提醒并监督。

（3）建议在各组完成建"塔"任务后，小组成员与作品合影留念。

（4）报纸的用量基本相同，也可根据时间长短、场地大小来确定，但要备有余量允许各组适量添加。在每轮游戏开始前，给每个小组3分钟准备时间。

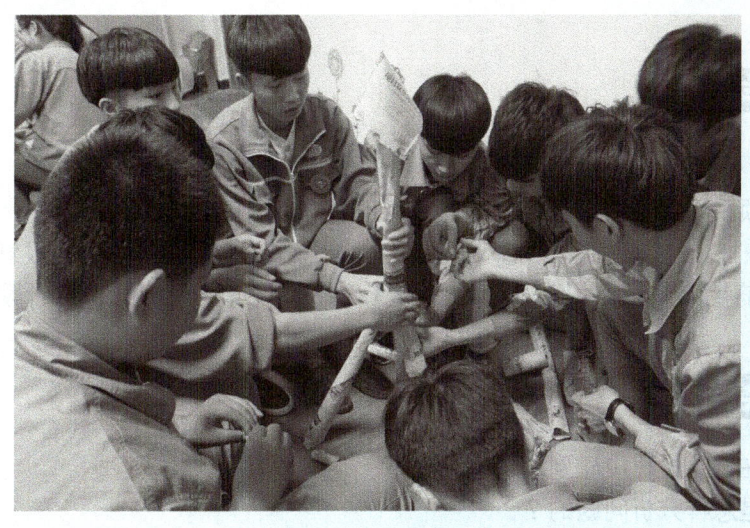

## "啄木鸟"行动

游戏类型：团队合作
参加人数：单位班级同学，分组进行
游戏时间：90分钟
所需材料：每人一根20厘米左右长的塑料吸管、每组三根橡皮筋、秒表
场地要求：宽敞的空间

 **活动目的**

1．通过分析造成输赢的原因，激发同学"再做一次，会做得更好"的主动性。
2．让学生在合作中体验竞争，在竞争中学会合作。
3．让学生明确强化团队合作可以提高效率，改变思维方式可以产生质的飞跃的道理。

 **操作程序**

1．分组：每组8～10人最佳。
2．每人领取吸管一根，每组在游戏正式开始前有10分钟的练习时间。
3．每个人把吸管衔在嘴里，把双手放在背后，扮成"啄木鸟"，口衔吸管传递"虫子"（用三根橡皮筋替代）。"虫子"只能在吸管间传递，不能用手触碰，用时最少的组获胜。

 **相关讨论**

1．你们在游戏过程中碰到了什么问题？
2．你们是怎样分析问题的？
3．在游戏过程中有无领导者产生？
4．哪些因素有助于成功完成游戏？
5．哪些因素使完成任务变得更加困难？

 **游戏总结**

1．团队合作：个人的发挥和团队成员之间的合作是完成"啄木鸟"行动的关键所在。

2．团队智慧：完成任务的方式方法多种多样，但效率不同，所以发挥团队智慧很重要。

**温馨提示**

1．导师全程观察各小组游戏过程，特别注意组内人员角色确定及角色配合过程。

2．注意事项：

（1）强调不能用手帮忙，如出现橡皮筋掉落的情况，一定在原地由本人捡起后重新开始。

（2）提供的吸管可以有多种规格，不同长度、不同粗细等，但各组之间的规格、数量应相同，以示公平。

（3）在不违背游戏规则的基础上，允许使用具有创造性的方法。

**游戏类型**：团队合作

**参加人数**：单位班级同学，分组进行

**游戏时间**：90分钟

**所需材料**：足够量的水和水杯，盛水用的容器（有刻度最好）

**场地要求**：宽敞的空间

**活动目的**

1．培养同学们的团队合作精神及协调能力。

2．增进同学之间的亲近感。

 **操作程序**

1．分组进行游戏，每组 8～10 名同学最佳，每轮两组同学一起比赛。
2．由第一名同学倒水至纸杯内，确保每位同学都将纸杯衔至口中再开始计时比赛。
3．比赛时第一名同学将纸杯内的水倒在第二名同学的纸杯中，依次传递下去。
4．最后一名同学将纸杯内的水倒入一个盛水容器中。时间规定为 3 分钟，3 分钟时间一到，停止传递，导师查看每支参赛队伍容器内的水量，水量最多的队伍获胜。

 **相关讨论**

1．如果参加游戏的同学能够保持动作协调一致，这个任务是不是更容易完成？为什么？
2．配合问题：你是否和他人进行配合了？
3．沟通问题：你们组员之间是否有过讨论？讨论了什么？

 **游戏总结**

1．团队合作：每个人都积极参与、互相配合。
2．团队智慧：集思广益，选择结合本组实际情况的最佳方案，高效完成任务。

 **温馨提示**

1．注意事项：
（1）任何参赛队员在比赛中均不可以用手或其他部位触碰比赛用具。
（2）最后的盛水容器最好有刻度线，以便测量。

## 传递呼啦圈

**游戏类型**：团队合作
**参加人数**：单位班级同学，分组进行
**游戏时间**：60 分钟
**所需材料**：呼啦圈（按小组数准备）、口哨、秒表
**场地要求**：宽敞的空间

### 活动目的

1．培养学生的团队合作精神及协调能力。
2．培养学生的随机应变能力。

### 操作程序

1．分组：每组 8～10 人最佳，组与组之间进行 PK。
2．让每个小组都手拉手，面向圆心围成一圈。
3．等每个小组都站好圆圈、拉好手之后，任意选一个小组，让其中两个队员松开拉在一起的手，把呼啦圈套在其中一个队员的胳膊上，让这两个队员重新拉起手。对其他小组做同样处理。
4．现在，让各个小组传递呼啦圈。在传递呼啦圈的过程中，每个队员都需要从呼啦圈中钻过去且不能松手。呼啦圈重新回到起点后，本轮游戏结束。
5．游戏开始，同时用秒表计时。第一轮游戏结束后，祝贺大家成功完成任务，并通报各小组完成任务所用的时间。
6．重新开始一轮游戏，并告诉队员们这次要求大家能更快一些。反复进行 4～5 次呼啦圈传递，确保队员们知道他们需要一次比一次快。

### 相关讨论

1．你们在游戏过程中碰到了什么问题？
2．你们是怎样分析问题的？
3．在游戏过程中有无领导者产生？

4．哪些因素有助于成功完成此项游戏？

5．哪些因素使完成任务变得更加困难？

6．你们有没有确定出比较现实的目标？

 **游戏总结**

1．团队合作：团队成员之间的相互配合对结果有直接影响。

2．团队智慧：传递呼啦圈的过程会出现各种情况，团队成员共同出谋划策才能高效解决问题。

 **温馨提示**

1．如果有人身体的柔韧性较差，不适合参加这个游戏，那么可以让这些人来计时，或是充当监护员。如果你在游戏中使用了监护员，要让监护员尽量跟着呼啦圈移动，这样当钻圈的人不小心被绊倒的话，他们可以及时保护和搀扶。

2．注意事项：

（1）在每轮游戏开始前，给每个小组一分钟时间讨论。

（2）让每个小组在开始新一轮游戏之前，事先确定出本轮游戏的目标时间。

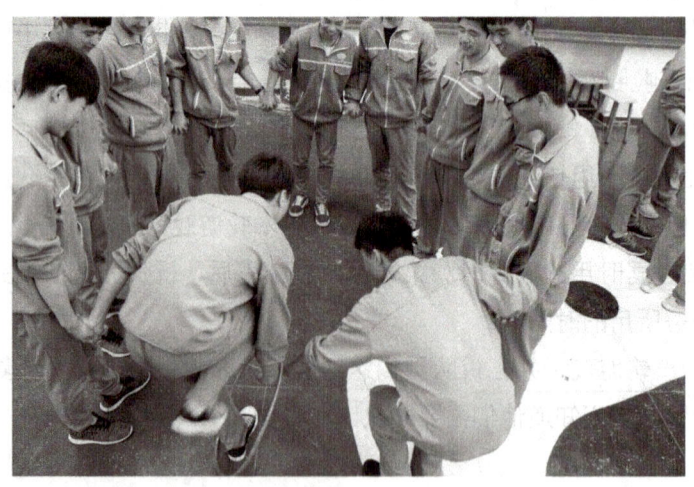

## 巧渡"玛雅河"

游戏类型：团队合作
参加人数：单位班级同学，分组进行
游戏时间：120分钟
所需材料：32厘米×32厘米硬卡片若干（根据"河距"确定）、秒表
场地要求：宽敞的空间

### 活动目的

1. 让学生认识到每一个人在团队中的重要性。
2. 培养学生的团队精神和合作能力。
3. 锻炼学生的统筹规划能力，激发潜能。

### 操作程序

1. 分组：每组8～10人最佳，最好有两组以上进行PK。
2. 导师根据场地，选取A、B两点作为河的两岸，再根据A、B两点的距离，将若干硬纸板发给同学，作为渡河的"浮板"（确保相邻两块板之间的距离为1.10～1.20米）。例：若A、B点距离为9米，可发给同学7块板。
3. 参赛小组自行安排好过河顺序，全部队员必须站在规定区域内，不得出来，到河对面的队员同样。其他组在旁观察，总结过河方法。
4. 在游戏过程中，第一位渡河的同学拿着本组渡河用的所有"浮板"，每跨出一步，就需要将一块板按合适的距离放置，其他组员需要紧紧跟随第一位同学的步伐，最后一位渡河的组员在渡河过程中，需要将无人用的"浮板"依次全部收回。
5. "浮板"大小只能容下两只脚，并且只要空板就会漂走了，一旦漂走一块板，小组成员将面临掉到河里的危险，同时两个人的脚必须有2/3是在板上的，否则视为落入河里。
6. 要求同学想办法，齐心合力渡过这条河。
（1）各组分别派一个监督员去监督另一个队是否有违规人员，如有发现立即叫停，重新来过。用时最短者为胜。
（2）每15分钟换一次组，换下去的组总结经验，可以挑战其他组。
7. 每次游戏开始前，给同学5分钟时间讨论。
8. 全班交流，分享感受。

**相关讨论**

1. 在这个游戏中你全身心投入了吗？你是怎么做的？
2. 每一次失败让你领悟到了什么？
3. 你在游戏过程中提出了什么意见？被采纳了吗？
4. 当某一环节出现问题导致失败时，你是埋怨他人还是帮助其找出问题并改进呢？
5. 你对团队工作方法是否有更进一步的认识？

 **游戏总结**

1. 团队合作：在一个团队中，每一个人都是至关重要的，即使是很小的一个角色，也是不可缺少的。
2. 沟通：在团队中，一定要敢于表达你的意见，一定要有人敢于站出来领导这个团队，所有队员一定要听从指挥，学会配合其他人完成任务。
3. 活动中展现出的"永不言败，永不放弃"精神值得表扬。

 **温馨提示**

1. 导师全程观察各小组游戏过程，特别注意组内人员角色确定及角色配合过程。
2. 注意事项：
（1）在游戏过程中注意安全，防止摔倒，跨步时要稳，以防扭伤脚。各组成员要互相配合，不要推搡。
（2）在开始渡"河"前，组长负责组织全组进行讨论，确定组员分工和行动方案，中途出现困难或"落水"情况时要及时商定新方案。
（3）在游戏过程中身体的任何部位着地都视为落河，需要重新开始。

第三部分　团队合作篇

## 无敌风火轮

**游戏类型**：团队合作
**参加人数**：单位班级同学，分组进行
**游戏时间**：90分钟
**所需材料**：足够的报纸、宽胶带、剪刀
**场地要求**：宽敞的空间

### 活动目的

1. 活跃课堂气氛，发挥团队创意。
2. 培养学生团结一致、密切合作、克服困难的团队精神。
3. 培养学生的计划性和组织协调能力。
4. 培养学生相互信任和理解的能力。

### 操作程序

1. 分组：每组8～10人最佳。
2. 制作"风火轮"，不同的人可能有不同的方法，让同学们自主发挥。这期间需要大家互相配合，有人整理报纸，有人剪胶带，有人粘，同学们的动作必须迅速，一旦某个人动作迟缓，将影响整体完成进度，失败的可能性非常大。
3. "风火轮"完成以后，所有组员都要站进去，所以要保证空间足够大，而且需要大家协调配合迈步走动，走不起来也算失败。
4. 设A、B两个点，组与组之间进行PK，用时最短的小组为优胜者。

### 相关讨论

1. 你在整个活动中起到了什么作用？
2. 自由发言：你们小组是如何配合的？
3. 你们小组是如何制作"风火轮"的？
4. 小组代表总结发言：从这个游戏中学到了什么？
5. 什么有助于最后结果的产生？什么阻碍了最后结果的产生？
6. 各小组派代表发言，交流活动感受、体会。

 **游戏总结**

本游戏可以从多方面进行总结，列举如下：

1．团队如何做计划：目标—资源—计划过程—选择方案—执行—改善。

2．团队合作：每个人都积极参与、建言献策、互相配合。

 **温馨提示**

1．游戏过程中请注意安全。

2．注意事项：

（1）全队成员必须都踩"风火轮"前进，途中如有同学踏出"风火轮"则视为犯规，全队原地停留5秒后继续前进。

（2）在滚动过程中"风火轮"如发生断裂，必须修补后再继续前进。

（3）活动中要注意男女合理搭配。

（4）导师要注意观察每个小组的活动情况，注意公平评判，淡化比赛的名次，注重活动的体验。

# 第三部分 团队合作篇

## 气球大赛

游戏类型：团队建设
参加人数：单位班级同学，分组进行
游戏时间：60 分钟
所需材料：每小组 20～40 个气球、秒表
场地要求：宽敞的教室或户外的空地

### 活动目的

1．激发同学热情，营造热烈气氛。
2．团队协作完成任务，增强团队凝聚力。

### 操作程序

1．导师在活动场地中任意设置两条线为起点和终点，两条线之间的距离为 8～15 米。如有条件，导师可在终点位置放置一条长绳作为终点的标志。

2．分组：每组 8～10 人最佳，最好有两组以上进行 PK。

3．以小组为单位，同学平均分配在起跑线上。

4．导师分发给每组 20～40 个各种颜色的气球。

5．导师召集所有的组长告知各组的任务：

（1）组长将小组人员进行分工，一部分人吹气球，一部分人运气球。吹气球和运气球的人在同一轮比赛中不能互换。组长可自行决定充当吹气球的还是运气球的或者只是坐镇指挥。

（2）吹气球的人要将气球吹大，具体大小无限制。

（3）运气球的人需要两人搭档背夹球将其从起点运到终点。在运输过程中运气球的人必须始终背靠背，将气球夹在背中间。运输的人除了背之外身体的任何部位不能触碰气球，否则犯规罚下场。气球被运到终点后随意放置，即使被风吹跑或落地爆裂也算得分。但在运送途中爆裂、被风吹走、落地或没气了统统不得分。

（4）活动将进行 5 轮，每轮 5 分钟。轮与轮之间有 2 分钟的讨论时间。领导者可利用此时间通报小组分数、下轮的进行方式或调整吹、运的人员。

（5）每组的目标是将尽量多的气球从起点运到终点。每成功运输 1 个气球，可得 5 分。各组按分数高低排名次。

6．在第一轮开始前，导师给大家 10 分钟时间让每小组讨论和准备。

**相关讨论**

1. 你们是怎样获得冠军的?
2. 你们采用了什么策略和方法?
3. 你们为什么会排在最后,曾经采取过什么改善措施吗?
4. 你们认为还有没有更好的方法?
5. 你们是怎样协调分工的?为什么让这部分人吹球而让另一部分人运球,原因是什么?
6. 5轮游戏过程,哪一轮你们做得最好?为什么?
7. 你是吹气球/运气球的人,你的感觉是怎样的?
8. 作为组长,这个游戏让你感触最深的是什么?
9. 如果再给你们一次机会,你们会怎么做?
10. 在活动中你们团队的士气怎么样?
11. 在生活、学习中,团队需要什么?

 **游戏总结**

1. 团队形成是一个渐进过程,策略可能需要不断调整,因此合作和理解很重要。
2. 要达成团队的目标需要每个人的努力,有的人可能会为此付出很多。
3. 保持策略性思考和灵活性对团队来说是很重要的两个方面。

 **温馨提示**

1. 这是一个非常吸引人的游戏,可以被广泛应用在班级建设和学生干部培训课程中。
2. 通过这一活动,老师可以看到学生在领导、决策、分工、创造力、计划、执行等方面的水平,找到他们的弱项,在以后的学习、生活中着力提醒他们改进。
3. 根据需要,可增加背景音乐。
4. 导师至少要配两位助教老师,分别在起跑线和终点线进行监督。

## ◎ 踩轮胎 ◎

**游戏类型**：破冰游戏 / 团队合作 / 创造力
**参加人数**：单位班级同学，分组进行
**游戏时间**：60 分钟
**所需材料**：一只汽车轮胎
**场地要求**：空地

### 活动目的

1．破冰类游戏，可以活跃课堂气氛。
2．用于团队合作类课程预热，通过该活动可以增强团队意识。
3．用于创造类课程预热，可以激发学生的潜能，发挥团队创意。

### 操作程序

1．分组：每组 8～10 人最佳。
2．导师把一只轮胎放在空地上，让各组同学一起站上去并至少能够停留 5 秒。
3．在活动过程中，导师需要注意同学的安全。
4．在游戏成功之后，导师可以提议小组确定一个小仪式庆祝一下，比如喊出团队的口号等。

### 相关讨论

1．好的主意是怎样产生的？你认为同学们在达成共识上是否容易？有没有冲突及争议出现？对于这些争议，团队是怎样处理的？
　　**可能答案**：大部分的人都会说"有"。但处理争议的方式却各有不同。
　　**引导方向**：处理冲突的几种方式：妥协（一方不情愿地放弃自我意见）、说服、合作、竞争等。
2．是谁最先想出现在的整个解决方法的？
3．什么有助于最后结果的产生？什么阻碍了最后结果的产生？
4．在此活动中，团队的合作情况怎样？

### 游戏总结

本游戏可以从多方面进行总结，列举如下：

1．团队如何做计划：目标—资源—计划过程—选择方案—执行—改善。
2．团队合作：每个人都积极参与、建言献策、互相配合。
3．创造力与问题解决：尝试新的方法与观点。
4．解决冲突：谁最先想出主意，结果怎样。

### 温馨提示

1．当你找不到旧轮胎时，可用绳子围成圈代替。
2．也可让所有同学都站在一个凳子上。
3．也可参照下面的两个游戏：怪兽与魔方，其游戏类型与总结内容是一致的。
4．本游戏与下则游戏"魔方"无论设计思路还是总结内容都极为相似。在相同情况下，导师可从中任选其一。

# 第三部分 团队合作篇

◎ 魔方 ◎

游戏类型：破冰游戏／团队合作／创造力
参加人数：单位班级同学
游戏时间：90分钟
所需材料：粉笔
场地要求：空地

### 活动目的

1．破冰类游戏，可以活跃课堂气氛。
2．用于团队合作类课程预热，通过活动可以加强团队意识。
3．用于创造类课程预热，可以激发学生的潜能，发挥团队创意。

### 操作程序

1．在游戏开始前，在地板上画出一个正方形。导师根据小组人数的多少估算出一个能够完成本游戏的面积最小的正方形。

2．告诉小组同学，他们的任务是：让尽可能多的人进入这个正方形，而不能碰到正方形的边缘，同学们可以花几分钟时间讨论或尝试。

3．正式开始。

**其他可选操作程序：**

（1）只允许尝试一次。在尝试之前，必须先完成计划。
（2）正方形可以画在地板上，也可以用一大张纸或胶带代替。

### 相关讨论

1．刚才小组中进入到正方形里的人数是多少？

2．好的主意是怎样产生的？你认为同学们在达成共识上是否容易？有没有冲突及争议出现？对于这些争议团队是怎样处理的？

**可能答案：**大部分的人都会说"有"，但处理争议的方式却各有不同。

**引导方向：**处理冲突的几种方式：妥协（一方不情愿地放弃自我意见）、说服、合作、竞争等。

3．谁最先想出的最佳解决方法？
4．什么有助于最后结果的产生？什么阻碍了最后结果的产生？
5．在本活动中，团队的合作情况怎样？
6．如果允许再来一次，你认为会有多少人可以进入到正方形中？

 **游戏总结**

本游戏可以从多方面进行总结，列举如下：
1．团队如何做计划：目标—资源—计划过程—选择方案—执行—改善。
2．团队合作：每个人都积极参与、建言献策、互相配合。
3．创造力与问题解决：尝试新的方法与观点。
4．解决冲突：谁最先提出的解决方法，结果怎样。

 **温馨提示**

本游戏与上一个游戏"踩轮胎"无论设计思路还是总结方向都极为相似。在相同情况下，导师可从中任选其一。

# 第三部分 团队合作篇

◎ 同舟共济 ◎

游戏类型：破冰游戏／团队合作／创造力
参加人数：单位班级同学
游戏时间：90 分钟
所需材料：旧报纸
场地要求：空地

## 活动目的

1．用于破冰类游戏，可以活跃课堂气氛。
2．用于团队合作类课程，通过活动可以增强团队意识。
3．用于创造类课程，可以激发学生的潜能，发挥团队创意。

## 操作程序

1．分组：每组 8～10 人最佳。组与组之间进行 PK。
2．导师：各组一张报纸，请大家将报纸看作本小组在落水时唯一的一艘救生艇，你们要想办法让更多的人站到报纸上获救，每个人都必须在报纸上。看哪一组获救的人最多。
3．PK 分三轮进行。第一轮时限 2 分钟，各个小组开始往报纸上站，站好后举手示意，看哪一组站的人多，人多者获胜。（如果在有限的时间内不站好，以站在报纸上的人数为准计算人数）。以此类推，进行第二轮比赛，在第二轮比赛中，报纸要对折，其余操作跟第一轮相同；第三轮比赛再把报纸对折，其余的操作同前。

## 相关讨论

1．你们是怎么办到的？在游戏过程中你听到什么？有何感受？
2．在整个游戏中有没有关键人物？他／她是谁？他／她做了什么？
3．好的主意是怎样产生的？你认为同学们在达成共识上是否容易？有没有冲突及争议出现？对于这些争议团队是怎样处理的？
**可能答案**：大部分的人都会说"有"，但处理争议的方式却各有不同。
**引导方向**：处理冲突的几种方式：妥协（一方不情愿地放弃自我意见）、说服、合作、竞争等。
4．是谁最先想出的最佳解决方法？

5．在本活动中，团队的合作情况怎样？

 **游戏总结**

本游戏可以从多方面进行总结，列举如下：

1．团队合作：每个人都积极参与、建言献策、互相配合。
2．创造力与问题解决：尝试新的方法与观点。
3．解决冲突：谁最先提出的解决方法，结果怎样。

 **温馨提示**

1．本游戏与游戏"踩轮胎""魔方"的设计思路和总结方向都极为相似。在相同情况下，导师可从中任选其一。
2．另外，可以对游戏背景进行修改，将报纸比喻为地震的保险地带等，这样能够更应景。

第 3 部分　团队合作篇

游戏类型：团队合作
参加人数：单位班级同学，分组进行
游戏时间：90 分钟
所需材料：秒表、塑胶帆布
场地要求：宽敞的空间

 **活动目的**

1．训练团队同学之间的配合，让学生明白合作的重要性。
2．培养学生的团队合作精神及协调能力。
3．培养学生的领导能力。

 **操作程序**

1．分组：每组 6～8 人最佳，最好有两组及以上同时进行 PK。
2．参加游戏的人都必须站在塑胶帆布（或其他布类）——"叶子"上，然后需要将"叶子"翻过来，同时所有人都不能离开"叶子"。
3．只要身体的任何部分碰触到地面就要重新开始。
4．任务完成，计时人员计时，最后对各组用时排名次。

 **相关讨论**

1．你们是怎么做到的？在游戏过程中听到什么？有何感受？
2．在整个游戏中有没有关键人物？他是谁？他做了什么？
3．各位觉得"叶子"像什么？而整个过程又是怎么样的？
4．在生活中有无类似感受？
5．从游戏过程中你学到了什么？

 **游戏总结**

1．团队合作：每个人都积极参与、互相配合。
2．团队智慧：要想在翻"叶子"的过程中保证每个成员不离开"叶子"，这不仅需要成员相互配合，更需要对不同的方法进行尝试和总结。

职校生心智成长训练　团体游戏汇编

温馨提示

在本游戏进行中，请注意安全。

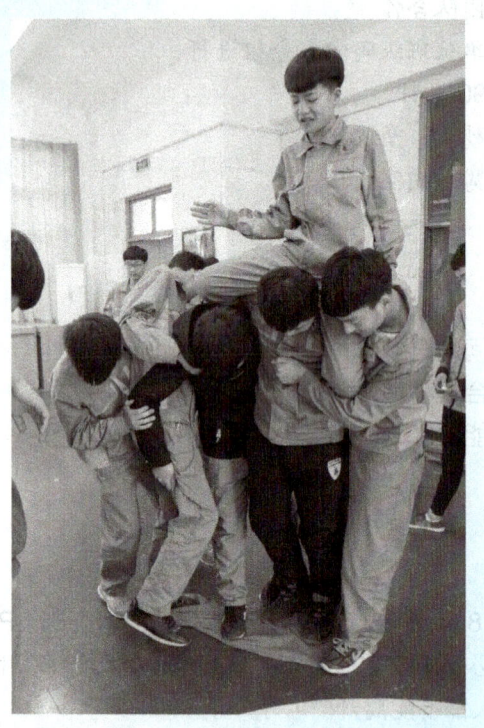

---

穿越电网

游戏类型：团队合作
参加人数：单位班级同学
游戏时间：120～180分钟
所需材料：网绳
场地要求：宽敞的空间

活动目的

1．训练团队同学之间的配合，让同学明白合作的重要性。

2．培养学生的团队合作精神及协调能力。

3．提高同学的自信心。

**操作程序**

1．导师介绍游戏背景：

这个游戏具有非常久远的历史，是拓展游戏中相当经典的一个，说起它的起源还有一个故事。第二次世界大战时硝烟弥漫，在德国西南部的一个纳粹集中营中，十几位盟军战士决定趁着夜色逃生，他们万分小心地逃过了第一道封锁线、第二道封锁线。当他们即将到达最后一道封锁线时，横在他们面前的是一张漫天大网，上面的万伏高压电闪着呲呲的火花，他们已经没有了退路，唯一的办法就是从电网中穿过。这就是游戏名字的由来——穿越电网。

现在你们的团队经过了敌人的层层封锁，来到边界前。现在挡在你们面前的也是一张"电网"。你们可以看到"电网"上只有一个网洞，那就是你们通过"电网"的通道。

2．同学们要互相配合，在碰触不到"电网"的情况下全部穿过去，而碰到"高压网"就表示任务失败，需要重新再来。

3．在整个穿越电网过程中，要求保持静默。

4．在接到任务后，队长充分调动大家的积极性，广纳建议，制订穿越计划，共同协商协作，把每个人或抬着或扛着安全送过网洞，最后所有的队员都顺利穿过"生死网"。

**注意事项：**

（1）电网是无限延伸的，任何人都只能从网洞中穿过，电网上下左右的边缘都无限延伸，企图用其他方式通过电网的想法都是违规的。

（2）由于"电网"上通着"万伏高压"，所以任何队员的身体任何部位及其他一切物品只要接触到"电网"，即宣布"牺牲"。

（3）它所触碰的通道也将被系上标志，该通道无法被继续使用。正在通过"电网"的队员退回重新再来。

（4）违反以上任意一条，游戏应重新开始。

（5）游戏开始后导师不回答任何问题。

（6）在游戏进行过程中，导师如发现危险动作应及时制止，被制止的动作不得重复使用。

（7）导师的口令不容置疑。

**相关讨论**

1．忘我、信任：把自己交给队友，自己当个"木头人"。

2．做好计划：统筹规划，优化资源的配置，做好备选方案。计划要完整，既考虑到开始，也考虑到结尾。

3．齐心协力：发挥团队精神，注意团队的分工协作。

4．正确分析问题：找到解决方法，有时候，其他人触网，导致团队放弃原有思路；创新（倒着过，手向前伸过）。

5．指挥问题：统一指挥，提高决策的效率。

6．沟通问题：团队保持沟通的顺畅。

7．控制问题：过程中是否有人在观察进行监控。

8．组织问题：人员的安排，资源的安排，时间的安排，进程的掌控。"有没有人数有多少个洞？""考虑最后几个人怎么过了吗？"

9．自我设限问题：容易把困难放大。自以为某些洞无法通过，进行到关键时刻，自我放弃，感觉游戏无法完成。

10．态度问题：认真，精益求精的精神，细节决定成败。过网时，往往是身材瘦小的同学失败，身材强壮的同学因为大家的认真而顺利通过。

 **游戏总结**

1．团队合作：每个人都积极参与、互相配合。

2．团队智慧：如何安全地通过电网、合理地安排过网顺序等问题需要团队成员积极献策、共同尝试。

 **温馨提示**

1．游戏进行中注意同学安全。

2．做好准备活动，避免不太灵活的同学受伤。

3．同学在过"电网"时，注意在旁边观察，出现危险时，导师要及时上前帮忙。

4．注意每个队员的表现（他们如何交流；分工情况；遇到困难时每个人的反应）。

5．保护好第一和最后一个通过的队员。

6．保护垫要跟随被运送队员同步移动。

7．导师站在人数少的一边，随时观察队员状态。

## 风雨同行

**游戏类型**：团队合作
**参加人数**：单位班级人数，分组进行
**游戏时间**：120分钟
**所需材料**：眼罩、口罩、短绳、秒表、瓶子等
**场地要求**：宽敞的教室或场地

### 活动目的

1．通过游戏让学生欣赏他人的长处，包容他人的短处，取长补短。
2．让学生在充分参与和互动中体会困境中的感受，并学会互帮互助。

### 操作程序

1．分组：每组8～10人最佳。
2．布置场地：活动场地画两条线作为起点和终点，距离应该大于20米，路上放置桌子和凳子作为障碍物。
3．请各小组组长上台领取物品：眼罩、口罩、短绳。
4．每小组推荐一名监督员，在游戏过程中负责监督对方，每组派4人参加比赛，其中1个"盲人"，1个"无脚人"，1个"无手人"，1个"哑巴"。请"盲人"戴上眼罩，"哑巴"戴上口罩，"无手人"捆绑双手，"无脚人"捆绑双脚，4种角色小组内自行分配。
5．摆放障碍物。在起点摆放适量物品供小组同学搬运。
6．导师宣布游戏规则：
（1）游戏以比赛的形式开展，以小组为单位。
（2）小组成员需要把所有的物品从起点搬运到终点，用时最少者为胜。
（3）每个组的所有物品，要求集体配合、共同承担、一次搬运完毕。
（4）比赛记时从导师宣布完游戏规则开始，即包括角色分配、扮演、合作等全过程。
（5）触碰障碍物，成绩加10秒。
（6）出现违规情况（如盲人用眼睛偷看，"哑巴"出声提示，没有按规定路线行进等），组员必须重新从起点开始，且计时不停止。
（7）每轮活动成绩及时在黑板上予以公布。

### 相关讨论

1．角色分工的过程顺利吗？你想扮演哪个角色，为什么？为什么不想扮演其他的角

色呢?

2. 失败的一方认为对方取得胜利的原因是什么?
3. 同学们对小组成绩满意吗?哪些方面出现了问题?
4. 同学们在游戏中是否发挥了每个人的优点,弥补了每个人的缺点?
5. 这个游戏对我们的学习和生活有何启示?

 **游戏总结**

　　这个游戏让人感受到,每个人其实都有自己的长处与短处。人与人之间需要彼此关心、照顾与协助,我们不仅需要独立与竞争,更需要相互依靠与合作。帮助他人与接受帮助同样是快乐的事,假如我们能够利用彼此的优势,取长补短地合作,不是更快乐的事吗?

　　这个游戏寓意着我们在人生的过程中,会遇到各种各样的"风雨"挫折,但同伴的支持与合作,可以帮助我们"风雨兼程、勇往直前"。

 **温馨提示**

1. 根据场地大小决定每轮游戏参赛组数。
2. 导师要随时注意学生安全,避免出现意外事故。

第三部分　团队合作篇

◎ 变形计 ◎

游戏类型：团队合作/沟通
参加人数：单位班级人数，分组进行
游戏时间：60～90分钟
所需材料：13米的长绳2～3根、眼罩（按学生人数准备）
场地要求：空旷平坦的场地

 活动目的

通过小组交流，让学生感悟团队合作的重要性。

 操作程序

1．导师先把13米长的绳子两头相结结成一个大绳圈，这样的大绳圈准备2～3个。
2．分组：每组8～10人最佳，可以安排2～3个组同时进行游戏比赛。
3．待小组成员戴上眼罩后，导师把事先准备好的大绳圈分别交给他们。
4．导师发出变形指令，如正三角形、正四边形、正五边形……，小组成员通过合作完成，用时最少的组为胜。
5．在合作变形的过程中，不得用语言交流。

 相关讨论

1．在游戏中，各组是如何策划的，组员又是如何实施的？
2．每一轮的经验教训对下一轮有何影响？
3．在大家都不能看也不能说话的情况下，是如何实现沟通，从而实现默契配合的？
4．在活动中同学们都遇到了哪些挫折？又是如何解决的？

 温馨提示

1．长绳的长度以比小组成员伸直双臂的总长度多5米为宜，不要太短，也不能太长，否则会影响游戏的难易程度。
2．一般以2～3个小组同时开展竞赛为宜，这样可以节省时间，增强游戏气氛。
3．事先强调规则和纪律的重要性，保证良好的秩序和公平的氛围。

## 狭路相逢

游戏类型：团队合作
参加人数：单位班级同学，分组进行
游戏时间：90分钟
所需材料：泡沫垫60个、秒表1块
场地要求：宽敞的空间

 **活动目的**

1. 通过游戏使学生明白有时竞争也意味着合作。
2. 通过游戏理解双赢的理念。
3. 培养学生主动沟通的意识，求同存异，用最短的时间达成认识的一致、行动的一致。

 **操作程序**

1. 将所有学生分为两组。
2. 选择两点 A 和 B，将泡沫垫排成一条狭窄的通道连接 A 和 B，游戏规则如下：

（1）一组学生从 A 走到 B，另一组学生从 B 走到 A，所有学生都只能从泡沫通道上走，接触到地面则应重新开始。

（2）在行走过程中，各组学生手拉手，不能断开。两组学生分别在两端相向行走，中途相遇时想方设法通过并到达另一端。

3. 导师计时，游戏进行多轮，记录每轮耗时，引导学生开动脑筋缩短用时。

## 第三部分 团队合作篇

### 相关讨论

1. 在半路与另一组相遇时有何感觉？
2. 最初觉得这个游戏难吗？
3. 在游戏过程中，你们是如何决策的？
4. 对另一组应采取什么态度？
5. 两组之间是敌对还是互助？
6. 两组之间如何达成一致？
7. 你们以后在生活中、学习中会怎么做？

### 游戏总结

本游戏可以从多方面进行总结，列举如下：

1. 团队合作：每个人都积极参与、互相配合。
2. 迅速明确目标并找到合适的方法，然后立即行动。
3. 高层次竞争与合作可以实现双赢。
4. 竞争的目的是发展自己，而非与对手双双阵亡。
5. 培养主动沟通的意识，求同存异，用最短的时间达成认识的一致、行动的一致。

### 温馨提示

1. 在游戏进行中应注意保证同学安全。
2. 该游戏尽量在无坡度、无障碍的宽敞空间进行；若在室内进行则须保证有足够宽敞的空间供大家活动开来。若在户外进行，遇地面不平的场地，须提前告知同学，并提醒同学初步感受一下地面的状况。
3. 两组学生同时开始。两组学生需要相互合作才能完成任务，如果两组都太注重竞争，最后肯定无法进步。

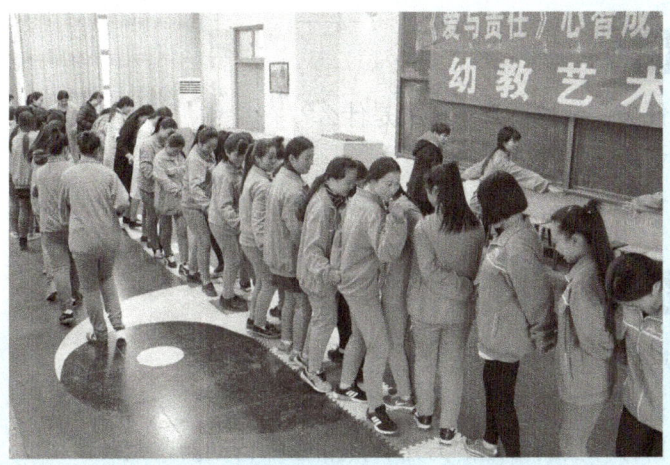

## 通路

游戏类型：团队合作
参加人数：单位班级同学，分组进行
游戏时间：90分钟
所需材料：70厘米半圆形胶管20根、乒乓球2个、小桶2个、秒表1块
场地要求：宽敞的空间

### 活动目的

1. 培养学生的团队合作能力和反应力。
2. 认识到自身的重要性及对团队所做的贡献。
3. 意识到每个人都是团队中不可或缺的一部分。

### 操作程序

1. 分组：每组8～10人。
2. 两组学生进行PK，每组学生每人手上各拿一节半圆形胶管，首尾相连，排成一列。
3. 全组成员通过半圆形胶管将球从一端传到另一端，最后传入小桶中。小球滚动过程中如有用手触摸、停止、回流、落地、跳跃等情况，则从起点重新开始。
4. 队列最后一名成员距离小桶的距离为6米。
5. 导师从指令发出开始计时，到小球成功落入小桶计时结束，用时最短的获胜。

### 相关讨论

1. 完成这个任务，你觉得最重要的是什么？
2. 连接处是否传递比较困难？
3. 你们以后在生活中、学习中会怎么做？

### 游戏总结

本游戏可以从多方面进行总结，列举如下：

1. 团队合作：每个人都积极参与、互相配合。
2. 迅速明确目标并找到合适的方法，然后立即行动。
3. 培养主动沟通的意识，用最短的时间达成认识的一致、行动的一致。

### 温馨提示

1．在游戏进行中，应注意保证同学安全。

2．该游戏尽量在无坡度、无障碍的宽敞空间进行；若在室内进行则须保证有足够宽敞的空间供大家活动开来。若在户外进行，遇地面不平的场地，须提前告知同学，并提醒同学初步感受一下地面的状况。

3．因为每组队列离小桶的距离较远，所以前面的组员传完球后就要跑到后面继续接球，直到球落入桶中。

4．半圆形胶管亦可用卡纸代替。

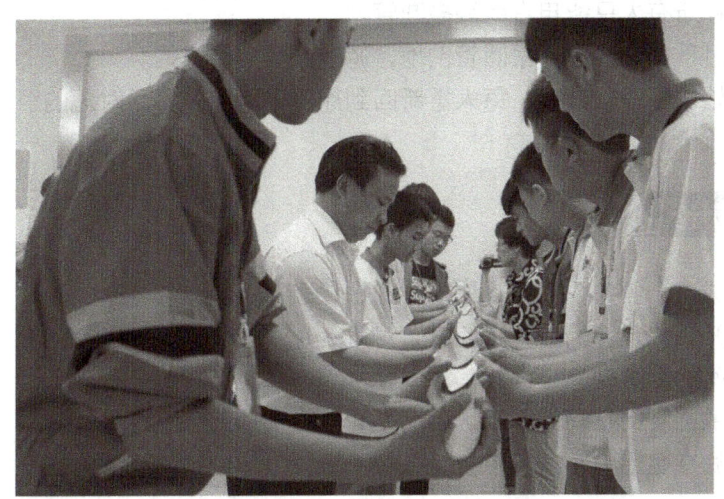

---

## 不倒森林

**游戏类型**：团队合作
**参加人数**：单位班级同学，分组进行
**游戏时间**：50分钟
**所需材料**：1米长的圆形胶管（直径1.5厘米）40根、秒表1块
**场地要求**：宽敞的空间

### 活动目的

1．培养学生间的默契和团队合作能力。

2．增强团队凝聚力，感受个人与团体的关系。

 **操作程序**

1．分组：每组 8～10 人。
2．每组学生每人手上各拿一根胶管围成一个圆圈，将圆管竖立，相互之间保持 1 米的距离，在每根圆管的放置点画一个小圆圈。
3．在"人走管不动"的前提下，所有人一起顺时针（或逆时针）移动，保持组员的圆管不倒，远观且不能离开小圆圈的范围。
4．整个过程所有人只能用右手触碰圆管。
5．在游戏过程中只要有一根圆管倒地，游戏就要重新开始。
6．游戏开始导师开始计时，每人重新回到原位计时结束，用时短的组获胜。

 **相关讨论**

1．要想完成这个任务，你觉得最重要的是什么？
2．在游戏开始前，你们组是否商量了对策？
3．组员之间的默契度怎么样？
4．有同学的圆管倒了吗？弄倒之后大家有什么反应？
5．你们以后在生活中、学习中会怎么做？

 **游戏总结**

本游戏可以从多方面进行总结，列举如下：
1．团队合作：每个人都积极参与、互相配合。通过活动让大家体会到团队协调一致的重要性。
2．培养主动沟通的意识，用最短的时间达成认识的一致、行动的一致。

 **温馨提示**

1．游戏尽量在无坡度、无障碍的宽敞空间进行；若在室内进行则须保证有足够宽敞的空间供大家活动开来。若在户外进行，遇地面不平的场地，须提前告知同学，并提醒同学初步感受一下地面的状况。
2．每组学生在移动的时候，不仅要注意前面同学的圆管，还要注意后面学生的动作快慢，让后面同学能来得及抓住自己的圆管，这就要求学生"瞻前顾后"才能完成任务。

第 ❽ 部分　团队合作篇

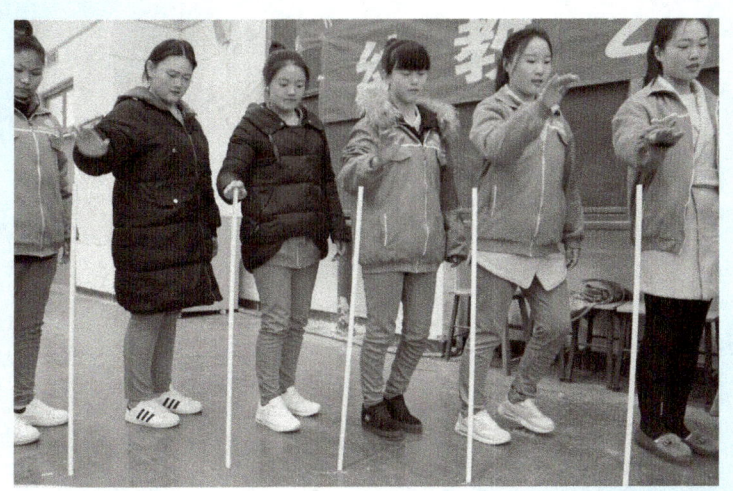

# 自我探索篇

1. 我是谁
2. 我的自画像
3. 消失的我
4. 我的优点你来说
5. 强调积极
6. 应该扔掉谁
7. 我的五样
8. 走到圈外
9. 异性心中的形象
10. 命运之牌
11. 价值拍卖
12. 我的核桃

## 我是谁

游戏类型：认识自我类
参加人数：单位班级人数，分组进行
游戏时间：60分钟
所需材料：《认识自我》表格、笔
场地要求：安静宽敞的教室

### 活动目的

1．通过分析，培养学生自我分析的能力及客观对待他人评价的积极心态。

2．通过他人的评价，让学生意识到"别人眼中的我"是什么样子，通过他人的评价来整合和完善自我意识。

3．通过理想我与现实我的比较，学会接纳自己和改变自己。

### 操作程序

1．分组：每组8～10人最佳。

2．每人发一张《认识自我》表格。

3．给大家20～25分钟的时间来完成表格中"现实的我"和"理想的我"的内容。

导师要求：

（1）认真对待，在"现实的我"一栏填写出自己的真实情况，在"理想的我"一栏可以天马行空，填写想象中的自己、理想中的自己。

（2）表格中内容填写要简洁概括，不要有过多阐述。

（3）写的过程中应保持安静，不要相互交流。

（4）写完后组长把表格收齐，打乱顺序随机发给小组成员，小组成员来填写"别人眼中的我"。如果拿到的还是自己的表格则应与其他人交换。

（5）5分钟之后，组长收集表格，将表格分发给各组员。

### 相关讨论

1．你对"真实的我"满意吗？

2．"理想的我"和"真实的我"，不相符合之处多吗？

3．看看这些条款之中，有哪些是可以改变的？有哪些是不可更改的？
4．对那些经过努力可以更改的，你将如何努力？改变的代价你能否承担？
5．对那些不可改变的，今后你能否真正坦然接纳？
6．"真实的我"和"别人眼中的我"，有多大差距？
7．"别人眼中的我"是你自己预想到的吗？你认同吗？这说明什么？
8．你是否太过在意别人的评价，以致活在了别人的期望与阴影之中？
9．这个游戏还带给你哪些其他的感受？

**游戏总结**

1．认清自己：通过现实的我认识自己。
2．接纳自己：承认、坦然面对、接纳自己的不完美。
3．心理健康的标准：如果真实的我与别人眼中的我差距很大，说明自己在无意识地伪装和隐藏自己，有可能会导致一定的心理问题。
4．自我形象：尽可能地把"现实的我""理想的我"与"别人眼中的我"有机地融和在一起。健康的自我形象，会使我们拥有自尊、自爱、自信、自强的人生。

**温馨提示**

1．在活动开始之前，导师应强调一下对待这次活动的态度：真诚、客观、负责。
2．在给别人写评价时，不能说话，要保持安静。
3．在不同的班级，活动气氛可能会有所差别。如果班级内部同学关系融洽，举行这个活动应该会取得比较好的效果。

**附表**《认识自我》表格

| 特　征 | 现实的我 | 理想的我 | 别人眼中的我 |
| --- | --- | --- | --- |
| 身高体重 | | | |
| 文化程度 | | | |
| 性格 | | | |
| 爱好 | | | |
| 父亲职业 | | | |
| 母亲职业 | | | |
| 与父母的关系 | | | |
| 人际关系 | | | |
| 健康状况 | | | |
| 理想抱负 | | | |
| 我的优势 | | | |

## 我的自画像

**游戏类型：** 认识自我
**参加人数：** 单位班级人数，分组进行
**游戏时间：** 40分钟
**所需材料：** 彩色笔、16开的白纸
**场地要求：** 宽敞的教室

 **活动目的**

1．在安全的环境下，通过自画像，在自我体验、讨论与分享的过程中逐步探索自我、认识自我、接纳自我。

2．通过交流学生读懂你、我、他，促进彼此的理解。

 **操作程序**

1．活动准备：导师发给每位学生一张16开的白纸，把彩色笔放于场地中央，供需要者自由取用。

2．分组：8～10人一组。

3．在10～15分钟内，每人在白纸上画一幅自画像。（要求：可以用任何形式来

画自己，抽象的、形象的、写实的、动物的、植物的都可以）

4．小组内交流自画像的含义，同组组员可以提出问题。

5．每组派代表做全班分享。

### 相关讨论

1．你对哪个自画像比较深刻？为什么？

2．你画的是什么图案？其中代表你自己的是什么？它在干什么？正在发生什么样的事情？

3．你画的时候心里的感受是怎样的？画出来以后呢？

4．你喜欢画中的自己吗？给你一次修改的机会你会修改哪里？

5．自己的自画像和别人眼中的自己是否有差别？

6．这幅画有让你重新认识自己吗？在哪些方面对自己有了新的认识？

### 游戏总结

自我认识：每个人都通过自画像的形式向他人展示了一个自己心目中的我，这可能是一个公开的我，也可能是一个隐蔽的我，今天展示出来可以让自己和他人了解更真实的我。

### 温馨提示

1．有的学生会因为自己的绘画技能差而感到为难，导师要提醒大家本游戏不是绘画比赛，只要求大家画的内容、形式等能够形象地反映对自我的认识即可。

2．导师寻找典型案例时，可以关注自画像的大小、位置、色彩、内容等，还可以关注学生在画自画像和交流时的神情。

# 消失的我

**游戏类型**：认识自我
**参加人数**：单位班级人数，分组进行
**游戏时间**：60分钟
**所需材料**：无
**场地要求**：安静宽敞的教室

 **活动目的**

通过在活动中的自我感知，认识到自我的存在与重要性，开始重视自己，并学习了解自我。

 **操作程序**

1．分组：8～10人一组最佳。

2．导师宣布规则：

（1）给每名学生3分钟的时间准备，与组员们分享发生在自己身上的一件有趣的事。在讲述的过程中不能出现"我"字，凡需要说"我"的地方，可以用其他词代替，如"×××"（名字）"朕""寡人""I"等，其他组员听完故事后可以对讲述者提问。

（2）在游戏过程中不小心提到"我"的，立即学小狗叫三声或接受其他方式的惩罚。在导师宣布游戏结束之前，每个人都要遵守规则。

3．导师宣布活动开始。

4．3分钟后，组员依次在小组内讲述。

5．每名组员讲述完后，其他组员对其进行提问。

6．导师随机选择学生上台分享故事，全体同学对其进行提问。

7．导师宣布游戏结束。

 **相关讨论**

1．你在游戏过程中提到多少次"我"？

2．"我"重要吗？在日常生活中，你对自我的体验是什么样的？今天有转变吗？

3．你在活动中还有什么体会？

**游戏总结**

关注自我、认清自我、充满自信。

**温馨提示**

在游戏过程中，如果导师也加入，在整个过程中不说"我"字，如犯规自觉受罚，会对学生自觉遵守游戏规则有很大的约束作用。

## 我的优点你来说

游戏类型：肯定自我
参加人数：单位班级人数，分组进行
游戏时间：90分钟
所需材料：纸、笔、优点信（按学生数量准备）
场地要求：宽敞的教室

**活动目的**

1. 体验欣赏与被欣赏的愉悦感。

2．通过他人的"优点轰炸"认识自己，自我肯定与接纳。

3．认识他人，学习发现别人的优点并加以欣赏，促进同学之间的交往和友谊。

### 操作程序

1．8～10人一组围圈坐，组员间保持一定间隔，助教发给每名同学一张纸和一支笔。

2．给自己找优点。导师布置任务：每人在纸上尽量多地写下自己的优点，完成后把纸暂时存放起来。

3．给他人写优点

（1）助教将准备好的优点信发给每位学生，学生在这张信的正上方写上自己的名字。

（2）导师布置任务：每人依次将手中的信向右传，每人接收到别人的优点信后为他写上尽量多的优点、鼓励的话或对他的支持。

（3）每组学生按要求操作，直到优点信传到本人左边的人为止。

4．优点轰炸他人：

（1）导师布置活动：每人依次站到小组中央，由其左边的组员将其优点大声清晰地读出来，读完后小组成员一起对他竖起大拇指并高喊"×××，你真棒，你是真的真的非常棒！"

（2）被轰炸学生真诚道谢，双手接收自己的优点信。

（3）轰炸完毕后，每人认真读几遍小组成员写给自己的优点信，拿出自己写给自己的优点信，加以对照并补充。

### 相关讨论

1．在为自己写优点时，你脑海中闪现的第一念头是什么？

2．为自己写的优点多不多？说明了什么？

3．为别人写优点信时是容易还是困难？有无改变对他人的印象？

4．收到他人写给自己的优点信时有何感受？发现哪些我们自己没有觉察到的优点？

5．发现自己有这么多优点后，以后打算如何做？

6．发现每个人均有优点时，对他人的态度有无改变？

7．大家的优点各异，我们应该如何与不同优点的同学相处？

### 游戏总结

1．树立自信方面：每个人都是一个独特的自我，都有许多优点，这就需要我们不断地感悟自我、肯定自己，扬长避短。

2．同学关系方面：世界上不是缺少美丽，而是缺少发现美丽的眼睛，用欣赏的眼光看待周围的人，彼此多一份欣赏和包容，同学之间的关系会更加融洽。

3．在课堂上收到优点信，体验到每个人都在默默地关注和支持自己，应珍惜身边每一个人，增进同学友谊。

**温馨提示**

本游戏也可用于人际关系篇。

游戏类型：自我肯定
参加人数：单位班级人数，分组进行
游戏时间：60分钟
所需材料：无
场地要求：教室

**活动目的**

通过互相交流意见，排除不能自我肯定的障碍，树立良好的自我形象。

**操作程序**

1．分组：每组 8～10 人最佳。

2．请小组同学之间互相提问并回答下列问题。

（1）在外形上，你喜欢自己的哪两个方面？

（2）在个人品质上，你喜欢自己的哪两个方面？

（3）在才艺或技能上，你喜欢自己的哪一个方面？

3．注意每一个问题的答案都必须是正面、积极的，在此不许有负面、消极的评价。

**相关讨论**

1．你们中有多少人在听到游戏规则后是笑着对你说"你先请"的？为什么？

**可能答案：** 可能会有各种答案，比如说："习惯了""没留意""不好意思"……

**总结归纳：** 我们习惯于觉得自己和别人都"很一般，很平常""没什么特别的"，这是一种负面的心态。

你是否发现这个游戏在开始时推进是非常困难的？

**可能答案：** 是。

**总结归纳：** 改变一种习惯和心态实际上是非常困难的。

现在你的感觉如何？

**可能答案：** 更自信，更轻松。

**引导方向：** 如果我们用积极的心态来对待自己和他人，能够喜欢自己，看到他人的长处，那么我们会拥有更多的成功和更好的人际关系，因为我们更自信了。

**可能变化：**（你也可以让学生自己回答下列问题）

（1）一个外形方面特别漂亮的地方。

（2）一个或两个特别令人愉快的性格特征。

（3）一个或两个特别的才能。

**温馨提示**

需要特别强调的是，每一个问题的答案，也就是说对自己的评价都必须是正面、积极的，一定要避免负面、消极的评价。

第①部分　自我探索篇

## ◎ 应该扔掉谁 ◎

游戏类型：人生观/价值观
参加人数：单位班级人数，分组进行
游戏时间：120分钟
所需材料：歌曲《神秘花园》、报纸、卡片
场地要求：空旷平坦的场地

**活动目的**

让学生体会在极端情境下亲人的重要性，感受亲情的可贵，从而体谅父母，用实际行动回报父母。

**操作程序**

1．分组：8～10人一小组。
2．导师指导语："假如在一次航海中遇到不测，你有幸得到一艘船。现在你可以带9个人上船，可以是亲人、朋友，也可以是你崇拜的明星偶像，还可以是各种领域的人才，但记住只能带9个人。请你把他们一一写在纸上。"
3．确定剧本：小组讨论确定一个人的方案为剧本，此方案最好包括各种类型的人。
4．每组用旧报纸折一只可以容纳10个人的船。
5．组内进行分工，1个人扮演船夫，其他9个人分别扮演剧本中的角色，将角色名牌贴到身上。
6．导师指导语："这时海上忽然狂风大作、巨浪滔天，你的船开始漏水，缓缓沉了下去，每次需要扔到海里一个人，但不能扔自己，才能阻止小船继续下沉。"
7．由扮演船夫的人决定每次谁被扔出去。船夫继续扔，直到剩最后一个人——自己，活动结束。

**相关讨论**

学生：
1．你扔人的顺序和原因是什么？

2．每一次扔人的心情是怎样的？

3．这个游戏给你什么启示？

**其他角色：**

1．你扮演的是谁？

2．你是第几次被扔下去的？

3．被扔的心情怎样？

4．如果你是扔人者第一次你会扔谁？最后扔谁？

5．通过做这个游戏你有哪些感受？

6．你计划将来怎样表达对父母（或亲人）的理解和感恩之情？

 **游戏总结**

珍惜亲人，感恩父母。

 **温馨提示**

1．在一些场景中可以使用音乐渲染气氛。

2．导师应注意关注情绪失控的学生。

3．一些小组打算扔学生（自己）时，导师应说明这是违反游戏规则的。

4．如有拒绝参加游戏的学生，导师应给予宽容和理解，对其疏导后，请其继续进行游戏。

## 我的五样

游戏类型：认识自我
参加人数：单位班级人数，分组进行
游戏时间：90分钟
所需材料：纸、笔、舒缓的音乐
场地要求：光线较暗的安静教室

### 活动目的

1．促进学生自我意识的发展，帮助学生了解个人内心情感投入最多的对象。
2．帮助学生自我澄清，认识和珍惜自己已经拥有的宝贵财富。

### 操作程序

1．分组：8～10人一小组最佳，每人发一张纸和一支笔。
2．在纸的顶端，郑重写下"×××的五样"，×××代表你的名字。
3．回忆自己生命中重视的人和事物，认真地在纸上写下你认为最重要的五样东西。

导师提示这五样东西："可以是实在的物体，比如食物、水或钱；也可以是人或动物。可以是精神的追求，比如理想、信念；也可以是爱好和习惯，比如旅游、音乐。可以是抽象的事物，比如祖国；也可以是具体的物品，比如一个玩具或一本书，还可以是一些表述，比如健康、快乐、幸福、事业、金钱、名誉、地位。总之，你尽可以天马行空地想象，只要把你内心最珍贵的五样东西写出来就可以了。不必考虑顺序，排名不分先后。写的时候不要与其他人讨论，也不用给其他人看，是专属于你自己的小秘密。"

4．写好自己的五样之后，请大家关注这五样东西并仔细认真地听导师的引导。
5．导师指导语：

（1）突然有一天你的生活中出了意外。怎么办？生命中最宝贵的五样东西，要保不住了，你要舍弃一样。请你拿起笔，把五样之中的某一样划去。强调一点：划去意味着永远失去，意味着永远不能再拥有。总之，你将再也看不到它，同时，它在你的生命中，也将不复存在。

（2）现在你的五样只剩下四样。此刻，你的生活中又发生了重大变故，来得更凶猛急迫，你保不住你的四样了，必须再放弃一样，请选择。我猜，如果说第一次要你放弃的时候，你多少还有些漫不经心的话，这一回，你要郑重行事了。请三思而后行。

（3）也许你已经猜到了，不错，在生命进程中，你又遇到了险恶挑战。这一次，你必须又要放弃一样宝贵的东西了。不管你有多少怨言和不情愿，请你遵照游戏规则，用你的笔把三样当中的某一样涂黑。不是轻轻划去，而是义无反顾地将它完整地从你的视野中除掉。现在白纸上，还有两个选项和三个黑斑或黑洞。只有你知道，黑斑或黑洞里曾经有什么。也许你不想继续了，也许你要怪我太残忍。但我想对大家说，请坚持下去。游戏的核心价值就在这里——你要学会放弃。不管你多不愿意，请你坚持下去。纸上已经发生了根本的变化——划掉了三样，保留下了两样。请听好，事情还没有完，咱们还要继续。

（4）是的，你的生活滑到了前所未有的低谷。我们来做最后的、最艰难的选择。你只能留下一样，其余全部放弃。

6．小组交流分享划去的顺序和理由，全班分享自己做出留与舍决定时的心理感受。

  **相关讨论**

1．你的五样分别是什么？选择它们的理由是什么？
2．自己首先划去的是什么？为什么？
3．最后剩下的什么？为什么？你之前是如何对待它的？
4．其他四样划掉的顺序和理由是怎样的？
5．每次留舍时的心理感受是怎样的？
6．丢掉了其他四样会对你的生命有什么影响？
7．很少有人把金钱（或其他）留到最后？这说明什么？
8．你现在是否拥有这些东西？此刻有什么感受？
9．我们应该为自己珍贵的五样做些什么？

  **游戏总结**

1．自我独特性：要求写出"生命中最重要的五样"时，每个人呈现出来的东西都是不一样的，代表每人价值观和经历的不同。
2．自我需求：依次被划掉四样时，会难以取舍心情沉重，最后留下的是我们最想要或最在意的，是我们对生命价值的理解，随着成长我们会找到更深刻的答案。
3．目标：对于我们生命中最需要的，需要我们自己去维护、争取、创造和发展。
4．心理健康的标准：自己追求和努力的方向与"生命中最重要的五样"相一致。
5．感恩：珍惜自己现在已经拥有的。

**温馨提示**

1．注意营造一种安静、庄重的氛围，导师要做好前期的引导，让每个人都能够在认真思考的基础上做出留与舍的决定，避免轻率、随意。

2．出现学生把五样中的几样写成一类，如亲情、父母、妈妈、哥哥时，导师可引导其写成概括的一种。

3．每个学生写完自己生命中最重要的五样后，安排小组交流分享，是为了让同学之间有一个相互启发、自我澄清的过程，所以交流后，允许学生修改自己的"生命中最重要的五样"。

4．全班分享时导师一定要关注学生在做出留与舍决定时的心理感受，当出现个别学生拒绝或停滞游戏的情况时，导师应给予关注，说明游戏的意义。

游戏类型：认识自我
参加人数：单位班级人数，分组进行
游戏时间：90分钟
所需材料：纸、笔
场地要求：宽敞的教室

**活动目的**

1．使学生能真诚地了解自己，促进学生的自我开放，让其敞开心扉。

2．学会了解他人，接纳他人，关心他人。

**操作程序**

1．导师引言：许多人常常不自觉地戴着一副面具，将真实的自己封闭起来，将自己的许多真实感受用圈圈围起来，不为人知。时间久了，不仅别人很难了解自己，有时连自己对真实的自己也陌生起来，表面似乎隐藏得很好，然而内心苦恼不少。今天我们来学习坦诚开放自己，并对同学的坦诚做出积极正向的回馈。

2．发给每名学生一张纸、一支笔。

3．每位同学在纸上画出4个大小不一的同心圆，为方便大家理解，导师可在黑板上示范。

4．在4个圈内（从大到小）依次写上：

（1）自己常常感到愉快、喜悦、高兴，但很少对人说及的一件事。

（2）自己常常感到不愉快、不舒服，却极少告诉别人的一件事。

（3）自己希望做到的一件事。

（4）自己对自己的看法。

5．写完后，每个学生轮流将自己的练习纸展示给其他组员看，并说出自己写的内容。

6．组内成员对每一位分享者给予积极的反馈、理解。

7．分享结束后进行小组讨论。

**相关讨论**

1．说出自己圈里的内容后有何感受？

2．听到别人所给予的回馈，你有何感想？

3．当自己听别人念的内容时有何感想？

4．能给别人提供积极的反馈，说明什么？

5．向亲密的同学、朋友开放自己的内心，你收获了什么？

6．通过这些活动，你在以后的交流活动中会怎么做？

**游戏总结**

1．自我认知：正视自己的过去也是自身的一部分，接纳自己并不断完善自己。

2．反馈：对别人的坦白给予正向积极的反馈，从而赢得信赖感。

 **温馨提示**

1．导师可以提前准备印有 4 个圈的纸张，方便活动。

2．导师提示：写在纸上的内容，必须是内心真实的内容，简要地写出大意即可，小组交流时再加以阐述。

3．小组交流分享时个别同学可能存在掩饰个人内心的现象，导师要帮助小组形成温暖、包容、理解的小组氛围，鼓励成员开放自己。

---

**游戏类型**：认识自我
**参加人数**：单位班级人数，分组进行
**游戏时间**：90 分钟
**所需材料**：纸、笔
**场地要求**：宽敞的教室

 **活动目的**

1．宣泄压抑的性心理。
2．找到异性人缘好坏者的特征，与自己对照，发扬优点，改正缺点。

3．对照现实榜样，学会正常的异性交往。

 **操作程序**

1．分组：同性别自由组合，6～8人为一组，选出表达能力强的同学作为组长。
2．游戏规则：
（1）投票选举出最喜欢的异性同学。每名学生发一张纸和一支笔，导师布置任务：每人选举出你最喜欢的3～5名本班异性，不必署名。选完后助教将笔和纸收起来。
（2）导师布置每组需要讨论的题目：
1）我们所喜欢的异性同学的特征有哪些？
2）我们所讨厌的异性同学的特征有哪些？
3）你希望的异性朋友是什么样的？请按重要性排序列出5项品质。
（3）分组讨论：
1）助教发给每组一张纸和一支笔。
2）学生按组讨论，组长记录。
3）导师进小组进行指导。助教统计选举情况，将得票较高的人员名单列出。
（4）全体同学一起分享小组讨论结果：
每组选派代表发言，分享小组讨论结果。要求：发言者吐字清楚、语速适中。其他人专心倾听，倾听者不必在意某条指向谁，而要反思这些特征自身是否存在。
（5）公布选举结果：
1）提示学生在内心预估自己是否能够上榜。
2）导师谎称每人都榜上有名，即每人至少被一名异性学生认可。
3）导师公布高票学生名单，被公布者发言，分享上榜感受，以及作为异性好人缘的榜样要对全班同学所说的话。
3．后续活动：导师与班主任沟通，了解无票或低票学生情况，开展个别心理辅导。

 **相关讨论**

1．包括你在内的所有同学都参与了投票，是不是说明每个人心中都有自己欣赏的异性同学？
2．投票时，你预估自己会得多少票？实际结果呢？这说明什么？
3．得票较高的同学身上有哪些我们可以学习的地方？同学们所讨厌的异性特征你身上是否也存在？应如何对待这些表现？

 **游戏总结**

1．青春期的学生一般都十分在意在异性心中的形象，想赢取异性的好感，偏爱某一类异性，是非常正常的。

2．我们要明白的不是哪一个同学最受学生欢迎，而是哪一类学生最受欢迎，怎样做才能受同学欢迎。检查自己的言行，争做一个受异性欢迎的人。

3．我们不仅要客观地认识自己，也要客观地认识他人的评价。

 **温馨提示**

1．这次活动毕竟是与异性有关的敏感话题，学生会比较兴奋，纪律稍乱，一般不会对活动效果产生较大影响，一定程度的说闹现象应该是学生压抑情绪的一种宣泄。

2．在讨论组的组成形式上，建议同性别自由组合，确保学生能在一个安全、自由、平等的氛围中进行有效、真实的交流讨论。

3．在学生讨论过程中，导师要求：只准讨论特征不要提及人名；不仅限于容貌形体特征，更多的是心理性格特征和行为品质特征，越符合实际越好。

**游戏类型**：肯定自我
**参加人数**：单位班级人数，分组进行
**游戏时间**：90～120分钟
**所需材料**：设计纸牌、收放纸牌的盒子、相关歌曲
**场地要求**：宽敞的教室

 **活动目的**

1．让学生学会接纳自己，懂得珍惜现在所拥有的资源，感知幸福。

2．了解自己的真实需要。

3．让学生懂得"命运掌握在自己手中"的道理。

### 操作程序

1．分组：8～10人一组最佳。

2．导师指导语："你对现在的自己满意吗？现在的自己包括自己所有的一切，如外貌、学习、生活、家庭、家长、性格、处境等。"

3．我之不满：

（1）学生写出自己不满意的地方，写完后小组内就"对自己不满意的地方"进行交流。

（2）各组派代表分享交流成果。

（3）导师引导：我们每个人或多或少都对自己有不满意的地方，大家是否想换一种人生？如果今天给大家换一种人生，又会是怎样的心情？

4．命运洗牌。

导师指导语：假定每个人都能够获得第二次生命，每个人的命运都可以重新选择。现在我手中有很多纸牌，每张牌就是命运的一种重新安排，它所包含的资料就是你新的生活资料，从现在起，你就是牌上的这个人。设想一下你处在这种情况下的命运，将自己目前的处境、位置与假设的第二次人生选择的处境相比，有什么不同？

（1）导师把纸牌放在一个盒子里，让同学们随机抽取一张，不得更换。

（2）组内交流分享。

（3）导师带领大家学唱手语歌《我真的很不错》。

### 相关讨论

1．你对自己的生活和处境曾有过哪些不满和抱怨？

2．你纸牌上的新命运是什么？它会带来哪些后果和影响？

3．如果用纸牌上的命运换你当前的处境，你愿意交换吗？为什么？

4．通过今天的活动，你对生活有了哪些新的发现与思考？

5．你发现生活中什么才是最重要的？

6．面对一时无法改变的境遇，什么才是最重要的？

### 游戏总结

1．接纳自己：爱自己，就是要接纳一个真实、完整的自己。

2．改变态度：我们目前的处境不会因今天抽到的纸牌有任何改变，但只要你对待生活、对待人生、对待自我的态度改变了，你的心境和命运便会随之改变。

 **温馨提示**

1．对于纸牌的内容，这里只给出了一些参考。导师在使用时可根据学生的实际情况自己设计一些内容。之所以设计的内容大都是不尽如人意的，主要是想让学生意识到，虽然我们每个人都无法选择我们的出身、我们的家庭，或许我们对目前的环境也不是很满意，但无论如何，我们都应该珍惜自己的境遇。

2．若有同学对自己抽取的纸牌不满意要求更换，导师可准备更糟糕的生活纸牌，询问其是否愿意更换。

3．由于游戏内容可能真的涉及学生的伤心处，如家庭离异、外貌缺陷，导师应提前与其沟通，取得学生的同意与理解。

4．若有个别学生愿意用纸牌命运来交换，导师要尊重其选择，并了解原因，必要时课下对这些学生展开个别辅导。

纸牌的内容参考如下。

**附 纸牌的内容参考**

（1）自己不幸患了绝症，家里没有钱治疗。
（2）因家中意外发生火灾，脸部被大火烧伤，留下了一个很难看的伤疤。
（3）父母离异，经济困难，读书条件很差。
（4）出生在贫困山区里，父母无力供养自己读书。
（5）自己的父母不幸患有重病，治疗花费了很多钱，家庭经济紧张。
（6）父母下岗，家庭经济困难，不能支付目前的学习费用。
（7）与周围的同学人际关系很紧张，不受大家的欢迎。
（8）自己从小因病残疾，生活很不方便。
（9）自己小时候因中耳炎治疗不好而失去听力。
（10）自己和父母一家三口挤在一间10多平方米的老房子里，生活条件比较艰苦。
（11）自己的一只眼睛因意外事故而失明。
（12）自己的一条腿因在一次车祸中受伤严重而被截肢。
（13）自己在一个条件很差的普通高中里读书。
（14）自己相貌普通，在班级里不引人注意，学习等各方面表现都一般。
（15）自己学习成绩优秀，但人缘很差，不受老师和同学欢迎。
（16）妈妈对自己太唠叨，管教严厉，让自己不舒服。
（17）以前家里很富有，现在却因意外事故而陷入经济拮据状态。
（18）出生在一个普通的工人家庭。
（19）自己目前的学习成绩很差，经常被一些同学看不起。
（20）自己患有口吃，常被同学模仿而引起大家的嘲笑。
（21）因自己太胖，大家经常以此开涮，并且给自己起了一个不太好听的绰号。
（22）自己身高低于同龄人平均身高20厘米。
（23）自己学习成绩排在班级最后，努力用功后效果仍然不明显。

（24）自己除了学习外，基本没有其他业余爱好。
（25）自己是个塌鼻子，影响了容貌。
（26）自己患有先天性心脏病，很容易疲劳。
（27）自己在高一结束时取得全市物理竞赛一等奖。
（28）自己被评为十佳"校园明星"。
（29）自己出生在一个贫困山区的农民家庭里。
（30）自己的家人去东南亚旅游时因海啸而不幸遇难。
（31）走路时因不小心而被车撞，头部严重受伤，出院后还时常感到头疼。
（32）父母对自己要求很严，很专制，感觉自己很不自由。
（33）家庭经济条件好，但父母对自己缺乏关爱，不喜欢自己。
（34）自己经常受到别人的欺负，心理很忧郁。

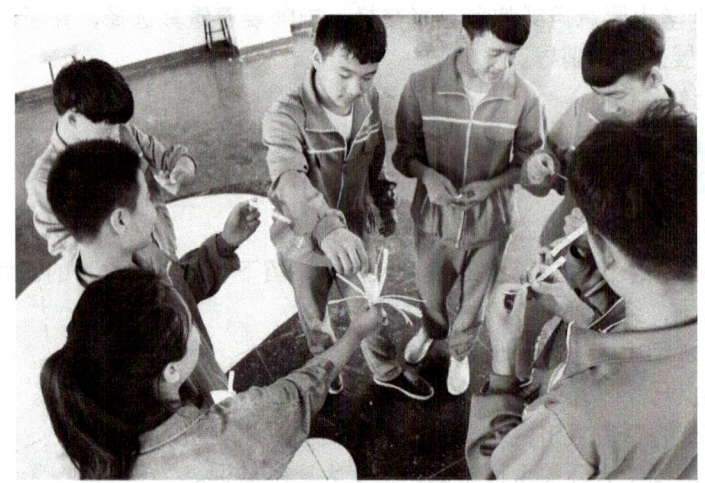

## 价值拍卖

**游戏类型**：认识自我
**参加人数**：单位班级人数，分组进行
**游戏时间**：90分钟
**所需材料**：拍卖商品纸板、纸、笔（按学生数量准备）
**场地要求**：宽敞的教室

 **活动目的**

1. 帮助学生体验和澄清自己的人生态度和心理需要，实现学生内心自省。
2. 激发学生思考自己的价值观念，懂得取舍。

 **操作程序**

1．了解拍卖规则

（1）本次活动共有 20 种心理商品可供选择，每种底价 500 元，每种商品数量有限，根据所出价格的高低，由出价高者优先购得。

（2）每人手中只有 10 000 元，代表自己的全部财富，请慎重消费。

（3）根据自己的需要及财力来购买，每次出价都以 500 元为单位，有出价 10 000 元的，立即成交。

（4）每个人手中的金额都不能转让，也不能两人或多人合买一项商品，竞买结束后，剩下的金额作废。

2．举行拍卖会

（1）由导师或学生主持拍卖。

（2）按游戏方式进行，直到所有的东西都拍卖完为止，然后请学生对买回来的东西进行价值排序。

3．价值排序

（1）学生回顾购买某项商品时的心理感受。

（2）每位学生一张纸一支笔，根据自己的需要和反思，给 20 项商品按照对自己的重要性排序，最重要的排第 1 位，最不重要的排第 20 位，然后将商品序号写在纸上。

4．踏上梦想之旅

（1）各组汇总每人的价值排序，列出自己小组最需要的前 3 项，讨论如何才能实现它们。

（2）小组分享总结。

 **相关讨论**

1．你是否将手中的钱全都花掉了？为什么？你的心情如何？

2．是否买到了自己最想买的东西？为什么？

3．是否买到了自己其实并不想要的东西？为什么？

4．在拍卖的过程中，你的心情如何？

5．有没有同学什么都没有买？为什么不买？

6．有没有一种东西比金钱更重要、或比金钱能够给你带来更大的满足感呢？

7．你是否甘愿为了金钱、名望而放弃一切呢？有没有除了比上面所说的这些更值得追寻的东西呢？

8．你的价值排序与其他大部分同学是否相近？这说明了什么？

9．要实现自己的愿望，根据你自己的现实情况，你下一步需要怎么做？

10．本次竞买活动对你有什么启示？

### 游戏总结

1．自我认知：今天拍卖的目的是让同学们知道自己最想要的是什么。每个人对商品的最终排序，在很大程度上代表了每个人的价值取向。

2．目标：知道自己想要什么了之后，就是要为了这个目标去奋斗，要敢于竞争，没有目标则罢，一旦有了目标就要克服困难，就不要轻言放弃。

### 温馨提示

1．每项商品的成交价，以总有几名学生买不到为准，如果某项商品的购买者特别少也没关系，一般情况下会全部购买成功。

2．学生分享发言时，导师可提醒，不以竞买成败来考核，要诚实表态、真实分享。

3．在拍卖过程中，要注意保持现场纪律，否则游戏就会成为乱哄哄的滑稽表演。

4．有的同学可能会重复使用自己手中的代币券，导师应注意提醒这些学生购买所付出的钱不能超过 10 000 元。

商品清单如下。

**附表　商品清单**

| 序　号 | 选购商品 | 出　价 | 序　号 | 选购商品 | 出　价 |
|---|---|---|---|---|---|
| 1 | 爱情 |  | 11 | 友情 |  |
| 2 | 金钱 |  | 12 | 欢乐 |  |
| 3 | 健康 |  | 13 | 长命百岁 |  |
| 4 | 美貌 |  | 14 | 豪宅名车 |  |
| 5 | 名望 |  | 15 | 美食 |  |
| 6 | 自由 |  | 16 | 良心 |  |
| 7 | 孝心 |  | 17 | 爱心 |  |
| 8 | 诚信 |  | 18 | 权利 |  |
| 9 | 智慧 |  | 19 | 聪明 |  |
| 10 | 自己的图书馆 |  | 20 | 冒险精神 |  |

## 我的核桃

游戏类型：认识自我
参加人数：单位班级人数，分组进行
游戏时间：90分钟
所需材料：核桃
场地要求：安静宽敞的教室

### 活动目的

1. 通过体验活动，找到自己与他人的不同之处，认识自我的独特性，增强自信心。
2. 更深入地了解自己，以平常心看待自己的缺点，悦纳自我。

### 操作程序

1. 分组：每组8～10人最佳。
2. 小组同学每人发1个核桃，让组员用5分钟时间认真观察自己的核桃。要求：尽量调动一切感官，尤其是视觉、触觉等。

3．5分钟后，将小组同学的核桃混在一起，看看每个人是否能找到自己的核桃。

4．再一次用5分钟的时间认真仔细地观察自己的核桃，大小、纹路、于他人的核桃有什么不同等。

5．5分钟后将两组成员的核桃混合，每人去找自己的核桃，或许有个别同学的核桃被别人错认拿走了，找不到自己的核桃，这个时候可以拿着无人认领的核桃去两个小组的同学中比对寻找……

6．大家都找到自己的核桃后，再一次提醒大家用5分钟的时间更认真更仔细地观察自己的核桃，尤其要注意区分长得很相似的核桃。

7．5分钟后，将所有人的核桃混合，看是否能找到自己的核桃。

### 相关讨论

1．你的核桃有哪些特点，你三次都找到了吗？
2．你是怎样找到的？找到后的感觉如何？
3．你没找到的原因是什么？感觉如何？
4．你的核桃和你自己有相似之处吗？
5．我们身上有哪些和其他人不一样的地方？
6．应该用什么样的态度对待自己？
7．找核桃的游戏给你哪些启发？

### 游戏总结

1．认识自己：对自己的特点有所了解才不会被湮没于人群中。
2．悦纳自己：用心观察自己的与众不同之处，那是你独特的优势。

### 温馨提示

1．核桃也可以用其他物品代替，如橘子、树叶、西红柿等，导师准备的核桃不要有太大差异。
2．导师要提示学生保护道具：不能吃、不能弄坏、也不能在核桃上做标记。
3．允许学生在观察自己的核桃时，也观察别人的核桃。
4．导师要特别关注那些很容易找到或一直找不到的学生，请他们分享一下自己的感想。

# 第①部分 自我探索篇

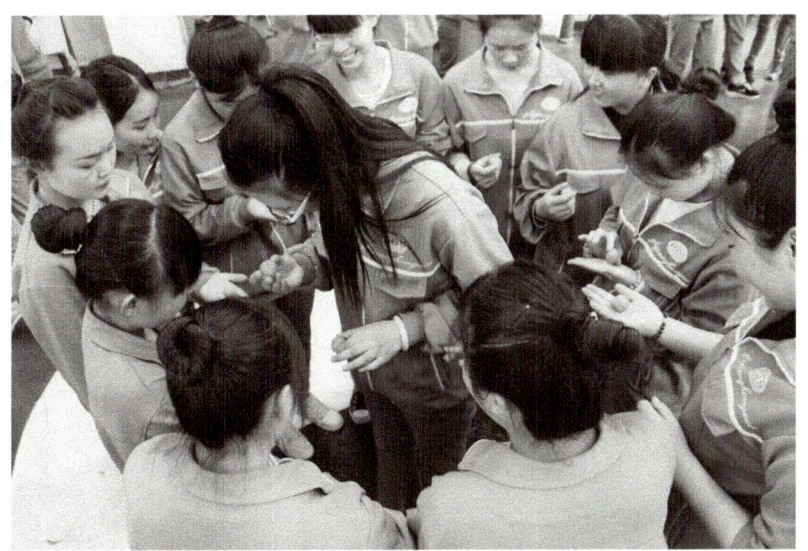

113

# 能力训练篇

1. 抓蜻蜓
2. 记忆考验
3. 哼哈请接招
4. 头脑风暴
5. 意愿百分百
6. 麻雀变凤凰
7. 高空飞蛋
8. 寻找变化
9. 时装秀
10. 举手仪式
11. 解手链（心有千千结）
12. 突出重围

## 抓蜻蜓

游戏类型：注意力/反应力训练
参加人数：单位班级人数
游戏时间：20分钟
所需材料：无
场地要求：宽敞的教室或户外的空地

### 活动目的

1．锻炼反应能力和注意力。
2．体验紧张与兴奋，调解活动气氛。

### 操作程序

1．所有同学围成一个大圆圈。
2．请每位同学伸出自己的左手大拇指，拇指朝上，扮演"蜻蜓"，再伸出右手手掌，掌心朝下，扮演网兜。
3．每个同学把自己的右手手掌放到右边同学的左手大拇指上。
4．导师念一段话，当学生们听到"蜻蜓"这个词时，要迅速用自己的"网兜"抓住别人的"蜻蜓"。同时自己的"蜻蜓"要飞快地逃开，不被抓住。
5．游戏指导语：

猫妈妈和它的孩子小猫咪咪住在森林里，一天，猫妈妈带着小猫咪咪去河边钓鱼。它们来到河边的草地上，小猫咪咪学着妈妈的样子，拿起鱼竿钓起鱼来。

忽然，一只蜻蜓飞来了。蜻蜓飞呀飞呀，落在小猫咪咪的鱼竿上。小猫伸手去抓蜻蜓，蜻蜓一下子飞走了，蜻蜓飞得很高很高，咪咪赶紧去追蜻蜓。小猫咪咪没有抓到蜻蜓，它正要拿起鱼竿钓鱼，一只花蝴蝶又飞来了。咪咪看见了漂亮的花蝴蝶，就放下手中的鱼竿，在草地上追赶起蝴蝶来，蝴蝶飞走啦！

小猫咪咪垂头丧气地回到河边，它发现妈妈的桶里已经有几条大鱼。猫妈妈对小猫咪咪说："钓鱼不能三心二意。你一会儿抓蜻蜓，一会儿捉蝴蝶，怎么能钓到鱼呢？"小猫咪咪听了妈妈的话,说:"妈妈,我一定钓一条大鱼!"

蜻蜓又飞来了,花蝴蝶也飞来了,小猫咪咪学着妈妈的样子,坐在河边,一动也不动,过了好久,小猫终于钓到了一条大鱼。它高兴得直拍手!

6．反复进行若干轮次。

7．每个人计算自己被抓的次数和抓住别人的次数。

### 相关讨论

1．你抓住了几次"蜻蜓"?什么原因?
2．你的"蜻蜓"被抓住了几次?什么原因?
3．在游戏过程中你都有哪些情绪体验?
4．你现在的感觉如何?
5．通过这个游戏你还有什么感悟?

### 游戏总结

注意力不集中就没有办法获取有效信息。

### 温馨提示

1．注意秩序,保证活动开展的有序和学生的安全。
2．活动指导语可根据主题不同而修改,也可以加入辨别词汇增强趣味性。
3．此游戏可作为多种主题游戏的热身活动,如"抓住爱""抓住快乐"等。

## 记忆考验

游戏类型：记忆力训练
参加人数：单位班级人数
游戏时间：30分钟
所需材料：无
场地要求：宽敞的教室或户外的空地

 **活动目的**

考验记忆力，活跃气氛。

 **操作程序**

1．全体学生围成一圈，从第一个学生开始说"今天我吃了一个AA"（AA为随意食物名称）。

2．第二个学生接着说"今天我吃了一个AA，两个BB"（BB为不同的食物名称）。

3．像这样一直传下去，每传一个人就必须重复前面的所有食物名，并另加一个新的食物名。

4．中途有人讲错则出局。

 **相关讨论**

1．你是如何记住别人所说的食物名的？
2．平时在生活中你的记忆力如何？
3．你是如何记东西的？有什么记忆方法？

 **游戏总结**

记忆有一定的方法和策略，可以通过练习提高。

 **温馨提示**

可选一些平常不容易吃到的食物名或菜名，如滑蛋干贝牛肉汤。

游戏类型：注意力/记忆力训练
参加人数：单位班级人数，分组进行
游戏时间：30分钟
所需材料：无
场地要求：宽敞的教室或户外的空地

 **活动目的**

1. 训练学生的注意力、记忆力及控制肢体的能力。
2. 增强小组成员间的熟悉度和亲密感，打破防卫心理，消除拘谨情绪。
3. 引导学生突破自我，大胆展示自我。

 **操作程序**

1. 请每位同学为自己设计一个个性动作来代表自己，可以结合头部、四肢，身体等。

2．请每位同学在小组内部依次展示自己的个性动作，同时记住组内其他同学的动作。各小组同时进行。

3．配上口令"哼哼哈"，各小组同时开始游戏。

具体规则：

（1）"哼"，全体双手同时拍打大腿一下。

（2）"哼"，全体双手同时拍打大腿一下。

（3）"哈"，指定同学展示自己的动作。

（4）"哼"，全体双手同时拍打大腿一下。

（5）"哼"，全体双手同时拍打大腿一下。

（6）"哈"，指定同学展示组内其他同学的动作，发出接招邀请。

（7）"哼"，全体双手同时拍打大腿一下。

（8）"哼"，全体双手同时拍打大腿一下。

（9）"哈"，接招同学展示自己的动作。

（10）"哼"，全体双手同时拍打大腿一下。

（11）"哼"，全体双手同时拍打大腿一下。

（12）"哈"，接招同学展示下一位接招者的动作，发出接招邀请。

以此类推，直到有人中途出错。

4．各小组熟练后，可在小组间进行比赛，坚持不出错时间最长小组获胜。

### 相关讨论

1．你是如何记住别人的动作的？

2．平时在生活中你的记忆力如何？

3．你是如何记东西的？你有什么记忆方法？

4．在游戏过程中，你的注意力一直处于高度集中状态吗？为什么？

5．本游戏给你的学习、生活带来哪些启发？

### 游戏总结

1．保持注意力高度集中才能有效接收信息。

2．记忆有一定的方法和策略，可以通过练习提高。

### 温馨提示

本游戏也可用于破冰。

# 第五部分 能力训练篇

游戏类型：创造力训练
参加人数：单位班级人数，分组进行
游戏时间：30分钟
所需材料：回形针、可移动的桌椅
场地要求：宽敞的教室

 **活动目的**

1. 让学生学会创造性地解决问题。
2. 充分发挥丰富的想象力。

 **操作程序**

1. 导师指导语。

调查研究表明，创造力可以通过简单实际的练习培养出来。然而，许多时候，创新的想法会被"这个我们去年就已经试过了"或"我们一直就是这么做的"之类的话所扼杀。为了给同学们发挥先天的创造力大开绿灯，我们进行一次头脑风暴演练。

2．导师讲述规则：

（1）不允许有任何批评意见。

（2）鼓励异想天开（想法越离奇越好）。

（3）我们所要求的是数量而不是质量。

（4）我们寻求各种想法的组合和改进。

3．将全体人员分成每组 8～10 人的若干小组。

4．小组任务：在 60 秒内尽可能多地想出回形针的用途，每组指定一人负责记录想法的数量，而不是想法本身。

5．一分钟之后，请各组汇报他们所想到的主意的数量，数量最多的一组获胜。

**相关讨论**

1．当你在进行头脑风暴时存在一些什么样的顾虑？

2．你认为头脑风暴最适合解决哪些问题？

3．你现在能想到的在学习中可以利用头脑风暴的地方？

**游戏总结**

1．创造力：是可以通过训练来培养的。

2．解决问题：方式有多种。

3．团体智慧：学会利用团体优势。

4．个人价值：每个人和每个观点都具有各自的价值。

**温馨提示**

1．头脑风暴一般只用于产生方案，解决问题，而不是进行决策。

2．注意事项：

（1）头脑风暴一次一般只讨论一个问题，如果问题很多，可分为几个独立的头脑风暴进行讨论。

（2）如果有时间，可以让每个人先就所需解决的问题独立考虑 10 分钟左右。

（3）要求每个人对自己讲出来的方案简单说明一下，但切忌过多解释，让他人明白你在说什么就行。

（4）鼓励由他们的方案引出新的方案。

（5）指定一至两位写字速度快同学做记录员，把每一种方案写在白板上，使每个人都能看见，以利于激发新的方案。

**游戏类型**：创造力训练
**参加人数**：单位班级人数
**游戏时间**：20分钟，时长可视参加人数多少而定
**所需材料**：无
**场地要求**：空间稍大即可，最好是户外

### 活动目的

1．让学生活动起来。
2．激发学生的想象力和创造力，展示具有个性的自我形象。

### 操作程序

1．设置两个地点分别命名为甲和乙，两地的距离为 10～15 米。
2．将所有学生排成一列纵队。
3．任务：每个学生想想自己 5 年或若干年后的意愿是什么，然后依次用一个与众不同的方式表达自己的意愿，并且从甲地到乙地，然后再从乙地返回甲地。

4．规则：凡是前面学生使用过的方法，后面的学生就不能再使用。也就是说，每种方法只能被使用一次。

 **相关讨论**

1．你的意愿来自哪里？
2．这个游戏对你来说困难吗？
3．如何评价其他人的表现？
4．这个游戏对你的生活、学习有什么启示？

 **游戏总结**

1．意愿：意愿是成功的动力，只要想，总能想出办法去实现。
2．创新：用与众不同的表现形式从甲乙两地通过。

 **温馨提示**

1．游戏开始前做好引导工作，留出几分钟设计与准备时间。
2．导师根据自己的设计和目的，可让学生反复做几次，规则不变。一般来说，越到后面越具有挑战性。
3．如配以音乐或鼓声，场面会更加热烈有趣。
4．如果学生实在想不出可以允许组合搭档。

## 麻雀变凤凰

游戏类型：创造力训练
参加人数：单位班级人数，分组进行
游戏时间：60 分钟
所需材料：A4 纸、剪刀
场地要求：宽敞的教室或户外的空地

 **活动目的**

1．让学生打破常规思维方式，学会从多角度寻求解决问题的办法。
2．开发学生潜能，训练创造力。

 **操作程序**

1．分组：8～12 人一组，以组为单位，发给每位同学一张 A4 纸和一把剪刀。
2．导师宣布游戏规则：
（1）从这张纸上剪出一个洞，要求组员能够从中钻过去。
（2）纸张不能拆分、粘接或订起来，裁剪后仍能保持一个整体，要求穿越后还可以还原。
（3）每组成员讨论解决，在 15 分钟内尽可能想出更多办法。
3．小组间 PK，剪出来的纸能穿越人数最多的小组胜出。

 **相关讨论**

1．你们组想到办法了吗？想到了几种？
2．你们是从哪些角度、通过何种方式想到这些方法的？
3．这个活动让你有什么感悟？

 **游戏总结**

解决问题：用创造性思维找到解决问题的方法，完成看似不可能完成的任务。

 **温馨提示**

1．如果学生长时间想不出剪法，导师应给予提示和引导。
2．在活动过程中提醒学生安全使用剪刀。

游戏类型：创造力训练
参加人数：单位班级人数，分组进行
游戏时间：60分钟
所需材料：每组准备鲜鸡蛋两只、报纸两张，塑料袋、胶带纸、细绳子
场地要求：宽敞的户外空地或教室

 **活动目的**

1．帮助学生克服思维定式，在探究中寻找快乐，在创造中体验成就感。
2．培养小组成员的团队合作精神。

**操作程序**

1．分组：每组4～5人。
2．导师把上述材料发给各小组。
3．导师宣布游戏规则：
（1）游戏任务：鸡蛋从两米高的地方落下而不摔碎。
（2）每组用所发材料为鸡蛋设计一个保护装置。
（3）鸡蛋落下完好的为优胜小组。
（4）若有多个优胜组则进入决赛，提高难度。
4．集体交流成功与失败的经验、教训。

**相关讨论**

1．我们组是成功了还是失败了？原因是什么？
2．成功的想法实施需要什么？
3．这个游戏带给我们什么启示？

**游戏总结**

1．创新：成功一半来自大胆探索，一半来自智慧的设计。
2．团结：善于利用集体智慧，群策群力。

**温馨提示**

1．两只鸡蛋，一只用于试验，一只用于比赛。应尽量保证用材的统一，以示竞争的公平性。
2．强调探索的过程，在实践中不断改进、创新和突破。
3．鼓励学生总结成功的经验和失败的教训。

游戏类型：观察力训练
参加人数：单位班级人数
游戏时间：80分钟
所需材料：无
场地要求：宽敞的教室或户外的空地

 活动目的

1．打破思维定式，通过"寻找变化"游戏，提高学生的观察力。
2．在变化自己的同时学会欣赏他人的变化，并在变化中成长和完善自己。

 操作程序

1．用连续报数的方法，确定实际参与游戏的人数，要求为偶数。如出现奇数，导师可作为一员参与活动。
2．如以50名学生为例，1～25号学生排成一排，26～50号学生在1～25号学生中，寻找一个"中意者"，两两结对。

3．结对的两个学生面对面站立，相互关注对方1分钟。1分钟后，1～25号学生留在原地，26～50号学生离开原地，走到1～25号学生看不到的另一空间，所有学生在2分钟内对自己的外形做3个改变。

4．结对学生分别找出对方的3处改变。完成后，请26～50号学生留在原地，1～25号学生离开到另一空间，所有学生在现在的基础上分别做5个改变，5分钟完成；

5．结对学生分别找出对方的5处改变。

6．导师请出具有代表性的三对学生与全体学生进行分享。

**相关讨论**

1．你找出别人的变化了吗？找出来的时候是什么心情？没找到的时候是什么心情？

2．你被别人找出变化了吗？被找出来的时候是什么心情？没被找到的时候是什么心情？

3．你是如何找出别人的变化的？

4．这个游戏给你什么启示？

**游戏总结**

1．发现变化：发现别人的变化意味着关注别人、重视别人，善于观察周围的人，有利于和谐相处。

2．态度：以变化的眼光看待周围的世界。

**温馨提示**

1．在寻找"中意者"时，要求学生最好寻找自己不熟悉者结对，这样可以避免因彼此熟悉而轻易发现对方的"改变"。

2．鼓励学生做出多于导师规定的3个、5个"改变"，充分发挥想象力和创造力，设计出富有个性的"改变"。

3．导师要注意捕捉有创意的"改变"，进行全体分享。对有些无法找到对方"改变"的情况，可以作为典型案例，请全体学生共同寻找。

4．对没有积极参与，没有响应做出"改变"的个别学生，导师要及时暗示、启发、建议，让其投入游戏之中，但应避免影响学生的情绪和伤害其自尊心。

游戏类型：想象力/创造力训练
参加人数：单位班级人数，分组进行
游戏时间：90分钟
所需材料：大量报纸、透明胶带、12色水彩笔、塑料打包绳若干、音乐
场地要求：宽敞的教室或户外的空地

 **活动目的**

1. 打破思维定式，发挥想象力和创造力，追求美、创造美。
2. 在交流中学会展示自己、欣赏他人，培养接纳自己、包容他人的胸怀。

 **操作程序**

1. 把全班分成若干个小组，每组8～10人。
2. 每组推荐一名模特、一名讲解员、一名裁判，其余为设计师。
3. 以小组为单位领取时装设计材料：报纸、透明胶带、12色水彩笔、塑料打包绳若干。

4．各组在30分钟内完成一套时装的设计与制作，并将其穿在本组模特身上，可以自行用彩笔和小饰品进行装饰，但不能改变主要设计材料。

5．各组设计完后，导师提供音乐，模特进行"时装"表演，在"时装"表演的基础上，讲解员介绍设计创意。

6．将所有裁判集中起来，评出"最佳设计奖"和"最佳表演奖"。

### 相关讨论

1．你们组的创意来自哪里？
2．你们组是如何分工的？为何如此分工？
3．你在小组内扮演什么角色？为团队做出什么贡献？
4．你们组出现了几个指挥？出现了什么结果？

### 游戏总结

创造力：鼓励学生开拓思维、创新设计。

### 温馨提示

1．注意调动学生的积极性，要求全员参与。
2．裁判打分要公平、公正、公开。

游戏类型：意志力训练
参加人数：单位班级人数
游戏时间：60分钟
所需材料：秒表
场地要求：宽敞的教室

 **活动目的**

1．让学生体验坚持所需要的耐心和毅力，培养学生的意志力。
2．让学生认识到意志力的培养要从小事做起。

 **操作程序**

1．视活动场地情况，请全体同学站成几列纵队，成员之间前后左右间隔1米。
2．每个人的两只手臂向胸前伸直平举，身体不准晃动，坚持10分钟（导师可根据学生实际情况选择时间长短），看谁能坚持到最后。

 **相关讨论**

1．当时间过了一半的时候，你有什么感受？
2．当你坚持到最后的时候，你有什么感受？
3．在坚持的过程中遇到了哪些困难，你是如何克服的？
4．在你体力不支的时候，为什么还能坚持下来？
5．你觉得10分钟是你的极限吗？
6．个人信念对你是否能坚持有哪些影响？
7．这个游戏对你的学习与生活有什么启发？

 **游戏总结**

意志力：没有坚强的意志和毅力的支撑，成功会遥不可及。

 **温馨提示**

1．若在室外，应避开高温、雨雪大风等恶劣天气。
2．导师也可与学生一起参与游戏，与学生一起体验，给学生树立一个榜样。
3．在游戏过程中，可以播放一些励志歌曲，给坚持到最后的学生以鼓励。
4．本游戏也可将两手臂胸前平举改为一只手臂向上贴耳伸直举起，举手过程中可以鼓励大家大声喊"坚持"，同学之间可以互相鼓励大声喊"坚持"。时间可以掌握在坚持半小时以内。

## 解手链（心有千千结）

**游戏类型**：意志力训练
**参加人数**：单位班级人数，分组进行
**游戏时间**：90分钟
**所需材料**：节奏感较强的背景音乐
**场地要求**：宽敞的教室

 **活动目的**

1．体验困难的克服，困境的破解。

2．了解问题的解决需要思维的参与，学会积极应对困难挫折，感悟信心和勇气的重要性。

3．认识到解决生活中的困难需要彼此齐心协力，体验个人对团队的信任和责任。

### 操作程序

1．分组：每组 8～10 人。

2．导师让每组组员站成一个向心圈，相邻的人把手拉起来，并记住左右各拉的是谁的手。

3．在节奏感较强的背景音乐声中，大家放开手随意走动，音乐一停脚步即停，找到原来左右手相握的人分别握住。

4．导师要求：把现在错综复杂的手链尽快还原为一开始的圆圈，条件是手不能松开。

5．第二轮将两个小组的组员合并，形成一个大圈，按第一轮的步骤重复一次。

6．第三轮将全体学生围成一个大圈，按第一轮的步骤重复一次。

### 相关讨论

1．当大家的手织成一张乱网时，你有信心解开吗？你的心情是什么样的？

2．在实际行动中解开一点后，你的想法发生了什么变化？

3．任务完成后你的心情如何？

4．谁在解手链的过程中起了主要作用？你的作用是什么？对问题的解决的影响是正向的还是负向的？

### 游戏总结

1．意志方面：生活学习中也有各种各样的"结"，参与的人越多，结越复杂。通过这个游戏我们发现，只要每个参与者全身心投入，复杂的结会一点点变得简单、明显，最终还原为最初的圆。

2．人际关系方面：每个人心中也许都有"结"，只要积极沟通与交流，就没有解不开的结。

3．团队方面：小组间的竞争使我们懂得节省时间，提高效率；小组内的合作使我们感受到集体的力量。

### 温馨提示

1．导师可根据具体情况尝试多种不同操作程序。

2．如果在游戏过程中有的结实在解不开，导师可允许学生决定相邻两只手断开一次，但再次进行时必须马上封闭。

3．游戏场地应开阔平坦，提醒学生注意安全。解开结的过程不可太用力，以免扭伤手臂。

## 突出重围

游戏类型：意志力训练
参加人数：单位班级同学，分组进行
游戏时间：90分钟
所需材料：无
场地要求：宽敞的空间

### 活动目的

1．培养学生在面临巨大危机的时候，保持冷静的头脑并具有克服困难的信心、勇气。
2．培养学生坚持到底不服输的意志力和智慧解决问题的能力。

### 操作程序

1．所有同学手臂挽手臂围成一个圈，这个圈被称为"包围圈"。

2．导师介绍游戏规则：

（1）假定你被"敌人"包围了，情况十分危急，"包围圈"由许多人手拉手围圈而成。要求你尽快想办法冲出"包围圈"。可采取钻、跳、推、拉、诱骗等任何方式（以不伤害他人为原则），力求突围挣脱，冲出"包围圈"。

（2）其他同学则站立，手臂挽手臂围成一个"包围圈"；组成"包围圈"的同学则要用尽全身气力、心计，绝不让被围者逃出；若圈内的同学从某两个同学之间的缝隙中逃出，则这两个相邻的同学要双双进入圈内作为被包围者。

3．游戏开始：导师可随机抽取 5 名同学站在"包围圈"中开始游戏。倘若被围的同学灰心失望，一时冲不出"包围圈"，则可增加两名同学到圈内作为"突围者"，其他的同学可鼓励他继续努力。游戏进行一段时间后如仍不能突围成功，则换其他学生进行突围。

 **相关讨论**

1．游戏之初你觉得这个游戏难吗？
2．突围者成功了几次，失败了几次，为什么会失败？
3．突围者在游戏中感觉如何？单兵作战容易突围成功吗？
4．你们以后在生活中、学习中会怎么做？

 **游戏总结**

本游戏可以从多方面进行总结，列举如下：

1．坚强的意志力：在困难面前不抛弃不放弃。
2．解决问题的能力：迅速明确目标并找到合适的方法，然后立即行动。
3．团队合作：每个人都积极参与、互相配合。

 **温馨提示**

1．此游戏可由内向外突破，也可由外向里突破。
2．在游戏进行中应注意保证同学安全。
3．注意场地安全。有人称这个游戏为"暴力游戏"，游戏最好在草地上而不要在坚硬的水泥地面上进行。在做游戏的时候，一定要向学生讲清楚可能会发生的碰撞以及跌倒等问题，提醒同学们做好预防工作，事先须注意移去危险器物。

4．有健康顾虑者（如先天性心脏病、心脏功能欠佳者等）不要参加，以防意外发生。

5．突围方式以不伤害他人为原则。这个游戏虽然可以允许圈内突围者采用钻、跳、推、拉、诱骗等任何方式，但有一点要提醒学生，不可以对外围的同学进行过分的暴力攻击，如用脚踢对方的腿或手等地方。

# 第六部分

## 人际沟通篇

1. 心灵电报
2. 三分钟测试
3. 最佳配图
4. 资源共享
5. 找"领袖"
6. 谁是卧底
7. 肢体动作大比拼
8. 人体"拷贝"
9. 驿站传书
10. 生日线
11. 盲人排队
12. 你说我做
13. 撕纸游戏
14. 我说你画
15. 盲人方阵
16. 七彩人生
17. 翻牌游戏

## 心灵电报

**游戏类型**：人际沟通
**参加人数**：单位班级人数
**游戏时间**：60分钟
**所需材料**：秒表
**场地要求**：宽敞的场地

 **活动目的**

1. 明确聆听是沟通环节中重要的一环。
2. 学会聆听。

 **操作程序**

1. 所有学生围圈而坐，左手手心朝上，右手手心朝下并搭在相邻者左手的手心。
2. 闭上眼睛，静静地等待左手相邻者发出的信息——在手心里轻轻点击，收到信息后立即传给右手相邻者（导师可找几个学生进行示范）。
3. 游戏进行5轮，每轮开始前给5分钟的讨论时间，并且每次开始前请大家确定一个完成一轮游戏所需时间的目标。
4. 导师计时，学生比较每一次信息传来的速度和感受。
5. 导师点评心灵电报活动的举行情况，集体交流分享。

 **相关讨论**

1. 在刚才的游戏中你发挥了怎样的作用？
2. 什么因素促进了游戏的完成？什么因素阻碍了游戏的完成？
3. 你们是如何配合的？
4. 这个游戏对我们的学习和生活有什么启示？

 **游戏总结**

1. 沟通：每个人都积极参与、互相配合，同时大家明白了散点沟通与集中沟通的不同结果。

2. 团队智慧：如何更快地传递"电波"。

### 温馨提示

注意事项：
（1）要具备安静的环境，避免噪声干扰。
（2）如果参加游戏的人数较多，可以围坐两圈或同时发出两个波源进行游戏。
（3）在游戏开始前要做好静心准备工作，保证同学能够用心去聆听、感受来自心灵的电波。出现短波、多波不用马上中止，让大家有所感觉，游戏结束时应该让每个同学真正体验到"心有灵犀"的感觉。

### 三分钟测试

**游戏类型**：人际沟通
**参加人数**：单位班级人数
**游戏时间**：30分钟
**所需材料**：三分钟测试试题、秒表
**场地要求**：宽敞的教室

### 活动目的

测试我们平时进行沟通的习惯，从而让我们认识到在环境受到限制的情况下，同样应该养成认真仔细的好习惯。

 **操作程序**

1. 告诉学生这是一个测试他们沟通能力的游戏。
2. 把三分钟测试试题发给大家（注意要把试题翻过来放，不要让学生看到题）。
3. 试题全部发完之后，说："现在开始！"这时学生才把试题翻过来开始做。
4. 手中拿着一个秒表，等秒表指示到三分钟时，你就说"三分钟时间到，现在停笔"。

**可能答案**：他们按照测试要求做，即阅读认真。

5. 为什么有些人甚至更快？让这些学生说一下自己的习惯做法。

 **相关讨论**

1. 为什么有些人能在三分钟之内就完成全部试题？
2. 而那些能在三分钟之内完成的同学的感受怎样？
3. 迅速直接进入任务本身，是否是最好的方法？

**可能答案**：不一定是。最好能了解任务的全局，然后再决定如何做。

 **游戏总结**

1. 时间管理：时间限制会让人产生压力，在压力下可能会把事情做糟。
2. 沟通：人们不会按聆听时得到的信息做，而总是按自己的主意做。

 **温馨提示**

为将此游戏做得更加成功，导师可以制造一些紧张气氛，使时间压力更为突出。比如，导师可以在中途说："还有一分钟了！""已经过去一分钟了！""现在还有半分钟。""还有最后半分钟。"增加学生的紧张度。

"三分钟测试试题"如下。

**三分钟测试试题**

1. 做事之前先通读全部资料。
2. 将你的名字写在本页的右上角。
3. 将第二句中的"名字"这个词圈起来。
4. 在本页的左上角画五个小方格。
5. 大声叫你自己的名字。
6. 在本页的第二个问题下再写一遍你的名字。
7. 在第一个问题后面写上"是""是""是"。
8. 把第五个句子圈起来。
9. 在本页的左下角写个"X"。

10．如果你喜欢这项测试就说："是"；不喜欢，就说："不"。
11．如果在测试中，你的成绩达到这个点，就大声叫一下自己的姓名。
12．在本页右边的空白处，写上一个66×7的算式。
13．在第四个句子中的"本页"这个词周围画个方框。
14．如果你认为自己已仔细地按要求做了，就叫一声"我做到了。"
15．在本页左边的空白处写上69和98。
16．用你正常讲话的声音从10数到1。
17．站起来，转一圈，然后再坐下。
18．大声说出："我快干完了，我是按要求做的。"
19．如果你是第一个做到这一题时，就说："我是执行要求的优胜者。"
20．既然你已按第一句的要求，认真读完了全篇内容，然后只需做好第二句的要求就算完成任务。

**游戏类型**：人际沟通
**参加人数**：单位班级人数
**游戏时间**：60～90分钟
**所需材料**：印发"最佳配图"，每人一张（10幅图，两行，上下两两相对）
**场地要求**：宽敞的教室

### 活动目的

1．通过活动使学生学会"不妨听听别人的意见"，在认真听取别人意见的同时完善自己。

2. 学会逐渐明确许多事情的答案是多元的，只是理解的角度不同而已。

 **操作程序**

1. 导师将"最佳配图"资料发给大家，每人一张。
2. 请学生根据自己的理解，在2分钟内把10个图案做两两配对。
3. 全班交流"最佳配图"，说出各自的理由。

 **相关讨论**

1. 你是如何配对的？理由是什么？
2. 你配图的结果和其他人一样吗？为什么？
3. 这个游戏对我们的学习和生活有什么启示？

 **游戏总结**

1. 解决问题：思维不同、理解不同则选择解决问题的方法不同。
2. 沟通：学习和聆听是沟通的桥梁。

 **温馨提示**

1. 导师要仔细观察学生在活动过程中的各种表现，如有没有违反规则，学生在活动过程中有哪些具体的反应等。
2. 注意事项：
（1）要求学生之间先不讨论，独立完成"最佳配图"。
（2）在全班交流中，充分听取同学的不同意见，并将所有不同答案用不同颜色的线条汇总在一张图上，这样点评时便一目了然。

后附"最佳配图"（图例）。

# 附 最佳配图（图例）

## 资源共享

游戏类型：人际沟通
参加人数：单位班级人数，分组进行
游戏时间：90分钟
所需材料：展示板一个、16开白纸8张、剪刀8把、固体胶8个、直尺8把、钢笔8支、半圆8个、大信封（每人一个）
场地要求：宽敞的教室

 **活动目的**

1．认识彼此、交换信息、懂得共享资源的重要性。
2．让学生在共享资源的过程中体会助人与被助的快乐。

## 操作程序

1. 分组：每组 8～10 人最佳。
2. 给学生每人分发一个装有物品的信封，每个信封里头装着一模一样的任务说明，但物品各不相同（见《任务说明书》）。
3. 《任务说明书》

首先剪一个 8.2 厘米 ×14.3 厘米的长方形纸片，上面粘上一个圆形纸片，并用铅笔在圆上写上你的姓名与小组名称，然后将它粘在展示板上，最后，把空信封交到导师的手中。你们每个人的信封里面有一些东西，如固体胶、铅笔、尺子、剪刀或半圆。因为你的信封里没有装着足够你完成任务的材料，你可以与其他学生协商，但在整个游戏过程中只能以非语言的方式去交流，也就是说，本次任务全程不可以说话。看谁最先完成任务。

4. 学生打开信封，按照《任务说明书》中的要求完成任务。

## 相关讨论

1. 游戏成功了还是失败了？
2. 什么因素促进了游戏的完成？什么因素阻碍了游戏的完成？
3. 在刚才的游戏中你发挥了怎样的作用？
4. 你们是如何配合的？
5. 这个游戏对我们的学习和生活有什么启示？

## 游戏总结

1. 沟通技巧：如何在无语言的环境下进行有效的信息交换。
2. 团队意识：双赢意识。

## 温馨提示

1. 导师在各个小组间巡视，监督学生和活动过程，仔细观察学生在活动过程中的各种表现，如有没有违反规则，学生在活动过程中都会出现哪些具体的反应等。这些都可以作为讨论素材，在讨论过程中加以引导启发。
2. 对于手中多余的资源，有的同学不给其他小组用，目的是为了打压别人，为自己争得机会；有的同学则主动分给其他人用，他们觉得竞争不必打压对手，可以做到双赢。这一点，在活动分享的时候，导师可以着重强调说明双赢的重要性。

3．在完成任务的过程中，导师要提醒学生注意保持安静，一切沟通交流活动都不能使用语言，这实际上也是增加沟通难度的一个策略。

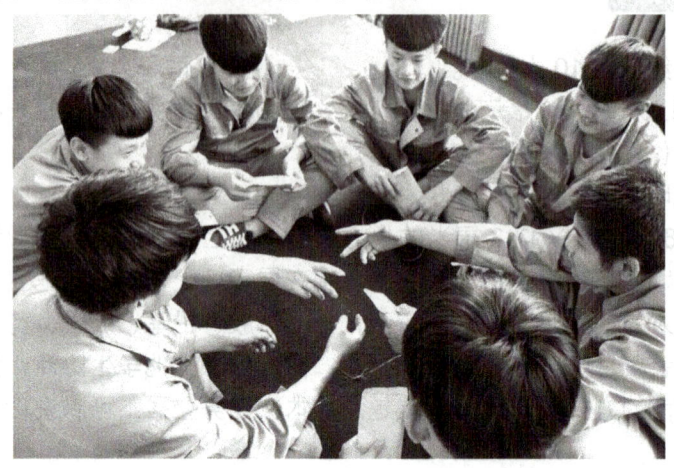

游戏类型：人际沟通
参加人数：单位班级人数
游戏时间：60分钟
所需材料：无
场地要求：宽敞的教室

 **活动目的**

1．让学生体验不同角色的定位。
2．让学生学会换位思考，学会站在别人的立场看问题、解决问题。

 **操作程序**

1．选出两个同学作为猜谜的志愿者，让他们远离活动现场，不能让他们看到或听到导师和同学之间的小声说话。

2．接着找一名同学作为"镜子"，其功能是反射"领袖"的动作给其他同学，即"领袖"做什么动作，"镜子"要完全复制。

3．可以由导师指定一名同学做"领袖"，也可以由同学自愿担任"领袖"。"领袖"的任务是连续地发出动作如刷牙、洗脸、挠耳等。其他同学按方形队列站立。

4．"领袖"开始做出连续的动作，"镜子"复制"领袖"的动作，其他同学则复制"镜子"的动作，这样看起来，所有的同学都在模仿"镜子"做动作。此时导师可让猜谜的两个志愿者进来，告诉他们在这些同学里面，有一个"领袖"是动作的发出者，给他们一分钟或两分钟的时间，让他们猜猜谁是真正的"领袖"。

5．让猜谜的志愿者、"镜子"、"领袖"和其他同学分别谈谈对这个游戏的感想。

**相关讨论**

1．在刚才的游戏中你做了什么？
2．你们是如何配合的？
3．什么因素促进了游戏的完成？什么因素阻碍了游戏的完成？
4．这个游戏对我们的学习和生活有什么启示？

**游戏总结**

沟通不只需要技巧，还需要理解，要学会换位思考。

**温馨提示**

1．导师仔细观察学生在活动过程中的各种表现，如有没有违反规则，学生在活动过程中有哪些具体的反应等。

2．注意事项：

（1）"领袖"发出的动作要连贯，每个动作最好持续6~10秒，中间不能有停顿，动作变化的幅度不宜过大，如一个刷牙动作突然变成甩手的动作，这样很容易被猜谜者看出谁是"领袖"。

（2）"镜子"反应速度要快，否则"领袖"在换动作的时候，若"镜子"反应慢半拍，也很容易暴露"领袖"的身份。所以导师在选"镜子"的时候，最好找反应灵敏、视力好、个子高的同学，为及时、准确复制"领袖"的动作奠定基础。

（3）模仿"镜子"的所有同学都要一致，认真复制"镜子"的动作。若有同学动作随意快或慢，会给猜谜的同学造成错觉，会对游戏造成一定的干扰，降低游戏的意义。

（4）若猜谜的同学很长时间猜不出正确答案，导师可随时终止游戏。

## 谁是卧底

游戏类型：人际沟通
参加人数：单位班级人数，分组进行
游戏时间：120 分钟
所需材料：词语卡片、多媒体设备
场地要求：空旷平坦的场地

 **活动目的**

1. 体验人际交往中被人误解与冤枉的感受，并能换位体验。
2. 学会认真观察和分析，不能盲目做出决定。

 **操作程序**

1. 观看视频：播放电视娱乐节目《谁是卧底》的视频剪辑。
2. 导师宣布活动规则。
（1）每个小组都会领到一张词语卡片，每轮中只有一组手中的卡片上的词语与其他小组不同，这个小组称作"卧底"。

（2）每组每轮用一个词语描述自己手中的词，既不能让卧底察觉，也要给同伴以暗示。如果发现自己是卧底，要隐瞒自己的身份，迷惑对方。

（3）每轮描述完毕，所有人选出怀疑卧底，得票最多的小组出局。

（4）如果出局的小组确实是卧底，本轮游戏结束；如果不是，则游戏继续进行。

（5）当场上剩余两个小组，卧底还在时，卧底组获胜，反之大部队获胜。

（6）每组都只能看到自己组的卡片，而不能看到其他小组的卡片，包括卧底自己。

3．第一轮游戏活动。

（1）导师将一组词语卡片顺序打乱，发到各组组长手中。

（2）从指定小组开始，依次用最简洁的语言表述自己组的卡片词语特征。

（3）指认哪组是卧底，意见不同，则"少数服从多数"。

（4）被认为是卧底的小组出局。

（5）如果出局的确实为卧底组，本轮游戏结束，卧底失败，如果不是，则游戏继续。

（6）游戏结束时，宣布谁是卧底，并收回词语卡片。

4．继续游戏。

（1）分发下一组词语卡片，游戏继续。

（2）根据学生状态和时间决定活动轮次。

### 相关讨论

1．游戏中自己是否为卧底，你们身份不明确时是怎样的心情和表现？

2．发觉自己是卧底时，你们是以什么样的心态和表现来玩这个游戏的？

3．发觉自己不是卧底时，你们是以什么样的心态和表现来玩这个游戏的？

4．不是卧底的小组被冤枉时，有哪些感受？

5．自己坚持认为某个小组是卧底，结果不是时，你有哪些感受？

6．这个游戏带给你哪些启发和思考？

### 温馨提示

1．如果参加人数较少，就不分组，每人领一张卡片参加游戏。

2．每轮游戏一旦确定出局者，该组把卡片交给助教，助教以此来确定本轮游戏是否继续。

3．游戏所使用的游戏卡片，事先打印裁剪，分组放置备用。

4．每轮游戏所使用的词语有两个，这两个词语都必须是学生较为熟悉的，有区别但又密切联系的两个词语，如医生，护士；杯子，瓶子等。

## 肢体动作大比拼

游戏类型：人际沟通
参加人数：单位班级人数，分组进行
游戏时间：60 分钟
所需材料：题目纸条、秒表
场地要求：宽敞的空间

### 活动目的

1. 培养学生肢体表达的能力和理解他人的能力。
2. 培养同学之间的配合度及默契性。

### 操作程序

1. 分组：每组 8～10 人最佳，一个组一个组地进行。
2. 小组站成一路纵队，导师把写着题目内容的纸条递给最后的同学看，其他组员不可以回头，然后再展示给其他组的人了解是什么内容。

3．知道纸条内容的同学要把题目内容用肢体动作传达给他前面的同学成员，之后要求每人用 10～15 秒的时间传动作给下一人看。动作传递前先拍打下一人的背部让其转身面向自己。做动作的人不可用写或出声的方式来表达题目。

4．传到最后一人时，导师向前询问答案，如果多于半数的人答错，可从第一个人再传一次。

5．每组轮留上去比不同的题目。

**相关讨论**

1．游戏成功了还是失败了？
2．什么因素促进了游戏的完成？什么因素阻碍了游戏的完成？
3．在刚才的游戏中你发挥了怎样的作用？
4．你们是如何配合的？
5．这个游戏对我们的学习和生活有什么启示？

**游戏总结**

沟通过程中的双方是否理解对方的意思；除了语言外，语气、肢体动作、表情等都会对沟通产生影响。

**温馨提示**

1．要有一个安静的环境，避免噪声干扰。
2．游戏的题目举例如下，导师可根据具体情况采用。

**题目例子**

成 语 组：捶胸顿足　东张西望　眉来眼去　笑里藏刀　两袖清风　目不转睛
　　　　　大摇大摆　一刀两断　抱头痛哭　眼高手低　目瞪口呆　点头哈腰
　　　　　一箭双雕　垂头丧气　一毛不拔　坐井观天

运 动 类：游泳　跑步　举重　篮球　跨栏　乒乓球　拔河　高尔夫球　跳远
　　　　　足球　跳绳　桌球

动 物 类：蛇　大象　乌龟　猩猩　兔子　公鸡　鸭子　猪

生活趣事：喝水呛到了　打计算机游戏　戴隐形眼镜　着急找厕所　缝衣服扎破了手
　　　　　踢足球闪到腰

## 人体"拷贝"

**游戏类型：** 人际沟通
**参加人数：** 单位班级人数，分组进行
**游戏时间：** 60分钟
**所需材料：** 写有数字的字条
**场地要求：** 宽敞的教室

### 活动目的

1. 通过活动让学生学会仔细观察、准确理解、清晰表达。
2. 让学生体验彼此信任、融洽沟通、团体合作带来的成功与快乐。

### 操作程序

1. 分组：每组8～12人最佳。
2. 每组一路纵队站好，导师将写有一个数字的纸条让每组的第一个人看一眼，然后请他通过身体扭动把信息传给后面一个人，依次"拷贝"传动；最后一位同学跑到导师处，写出"拷贝"的数字。

3．一般每组"拷贝"三位数，最后由导师宣布各组的"拷贝"结果。

4．小组合作集体造型，完成一组六位数表演。

5．全班交流，分享感受。

 **相关讨论**

1．在刚才的游戏中你做了什么？

2．你们是如何配合的？

3．什么因素促进了游戏的完成？什么因素阻碍了游戏的完成？

4．这个游戏对我们的学习和生活有什么启示？

 **温馨提示**

1．除了考虑立体数字表达，还可以提示学生做平面的表达。可以是阿拉伯数字表达，也可以是中文数字的表达。

2．注意事项：

（1）避免各组之间的影响，各组"拷贝"的数字不要相同。

（2）在"拷贝"传递时，只允许两个人之间发生联系，不能集体参谋、交流。

（3）"拷贝"的三位数，如：0.18、8.69、578、328、542、235 等，身体扭动幅度较大的为宜。

（4）要强调不准发出声音，否则游戏就会失去意义。要求只在两个人之间传递信息，已传递完信息的和还未传递信息的学生都是背对两个正在传递信息的学生。

## 驿站传书

游戏类型：人际沟通
参加人数：单位班级人数，分组进行
游戏时间：120 分钟
所需材料：信息条、白板、秒表
场地要求：宽敞的教室

### 活动目的

1．使学生强烈意识到充分沟通对团队目标实现的重要意义。
2．制度规则的建立与修正。

### 操作程序

1．分组：每组 8～12 人最佳。
2．导师宣布：各组学生排成一列，每个人这时候就相当于一个驿站，到时我会将一个带有一组自然数或数学符号的卡片交到最后一位学生手中，你们要利用你们的聪明才智把这个数字信息传到最前面的学生手中，当这位学生收到信息以后要在规定的时间内将传递过来的信息写在纸板上。然后由最后一位学生大声读出卡片上的信息，看是否与纸板上所写的内容相符。比赛总共进行三轮，在信息传递的过程当中我们会有一些规则来约束。
3．游戏规则：
（1）不能讲话（包括有规律地发出声音）和移动。
（2）不能回头。
（3）后面的学生的任何部位不能超过前面学生的肩。
（4）不能使用手机等通信工具。
（5）不能传递纸条和扔纸条。
4．每一轮传递中都有 5 分作为标准分数，如果在传递过程中发现有学生违规，警告一次并扣掉一个标准分。在第一轮开始前，给学生 8 分钟的讨论时间，以制定沟通密码方式或流程制度。第一轮是 2 个自然数组成的两位数，由导师担任裁判，监督学生是否有违规现象并给予相应的警告或扣分,传递结束后给所有学生 5 分钟的讨论时间,总结及完善传递方式以提高准确率。

5．第二轮是 3 个自然数组成的三位数,第三轮是一个带有小数点的四位数,规则同上。最后,导师与所有学生一起分享在游戏中的收获。

**相关讨论**

1．游戏成功了还是失败了?
2．影响游戏成功/失败的因素有哪些?
3．你在游戏过程中做了什么?对团队有什么贡献?
4．游戏对我们的生活和学习有哪些启示?
5．怎样才能进行有效沟通?沟通中最重要的环节是什么?
6．怎样才能成为一名好的发送者与接收者?
7．在日常学习、生活中,如何学会沟通、善于沟通?
8．怎样才能实现有效沟通,并迅速形成有效决议?

**游戏总结**

1．只有在行动的过程中不断修正自己的错误,发现更好的方法才能使团队朝着完美的目标前进。

2．这个游戏考验的就是全队信息传递的密切配合,如果只注意速度而不注意信息的准确性,传的再快也等于做无用功。

3．一个优秀的团队应能很好地进行沟通,好的沟通包括清晰地发送信息和准确地接收信息两个方面。

4．制度规则的建立与修正很重要。

## 生日线

游戏类型：人际沟通
参加人数：单位班级人数
游戏时间：30 分钟
所需材料：无
场地要求：不限

 **活动目的**

1．让导师尽快了解本班学生在非语言方面的沟通能力以及他们之间的相互了解。
2．让学生感受沟通的方法有很多，语言仅仅是其中的一种。
3．通过该游戏增进学生之间的相互了解以及导师对学生期望的了解。

 **操作程序**

1．导师告诉学生接下来大家要做一个游戏。
2．规则如下：
（1）每位学生都要按照自己真实生日的月份和日期按顺序排列成一个 U 形，1 月 1 日出生的站在 A 点，12 月 31 日出生的站在 B 点。

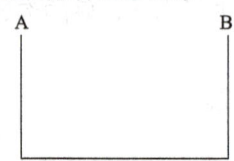

（2）全过程所有学生都不能说话。
（3）任务完成后导师会进行检查，如果有人站错位置，受罚的将是后面一位学生。
（4）当每位学生都清楚了游戏的规则后，活动开始；大约在一分至一分半钟左右就能基本排好。
3．学生排好后，导师从 A 点开始检查位置是否站正确了。检查到的学生，报出自己的生日（年/月/日），顺便说明对本次活动的期望。
4．如果有人站错位置，请他介绍自己并为大家做一个小表演。

 **相关讨论**

1．你认为在本游戏中反映出什么问题？

**引导方向：**

（1）沟通的要素除了语言，还有肢体语言等多种方式，每种方式的效果是不同的。

（2）沟通的心态很重要。当你认为沟通很必要并且乐于这样做的时候，就会想办法克服沟通的障碍，达到目的。

（3）如果在沟通中每次都替沟通的另一方着想的话，沟通的过程就会易于被对方接受。

2．你觉得有什么改进的方法？

**可能答案：** 统一组织。将所有人的生日写在纸上，领导者统一指挥安排；排好队后相邻的学生用非语言的形式相互询问和确认。

**引导方向：** 沟通前要事先选择合适的渠道和方法，细心的组织安排亦是不容忽视的方面。

温馨提示

1．如果您想增加这个游戏的难度，可以把学生的眼睛蒙起来；或选择参考下一个游戏："盲人排队"。

2．如果是以10人左右的小组为单位活动，可以排列成如右图所示的一路纵队。

## 盲人排队

游戏类型：人际沟通
参加人数：单位班级人数，分组进行
游戏时间：30分钟
所需材料：眼罩及贴纸
场地要求：宽敞的教室

 **活动目的**

让学生体会沟通的方法有很多，当环境及条件受到限制时，可以尝试采用其他沟通方法来解决问题。

 **操作程序**

1. 分组：每组8～12人最佳，最好有两组以上进行PK。
2. 将写有号码的贴纸按照随机的顺序发给学生，确保这个号码只有本人知道，在游戏过程中，学生应保管好贴纸（可放在衣兜中避免掉落）。
3. 给每位学生分发眼罩，请学生戴上眼罩。
4. 让小组根据每人的号码，按从小到大的顺序排列出一条直线。
5. 游戏全过程大家都不能说话，只要有人说话或脱下眼罩，游戏则结束。

 **相关讨论**

1. 你是用什么方法来告知小组你的位置及号码的？

**可能答案**：很多种方法。比如，用手指接触另一个学生，给予暗号；用其他的可以说明或代表数字的辅助工具等。

2. 沟通中都遇到了什么问题，你是怎么解决这些问题的？

**可能答案**：每次只能交流简单的信息；容易产生误解的地方，需要反复确认……

3. 你觉得还有什么更好的方法？

**可能答案**：事先（游戏开始前）若能确定一些标准会更好；可以让最先沟通好的3个

人利用身体的高矮排成一条线，而后让其他人知道顺序自然加入；也可以让一个人做总指挥，所有人的数字就只需告诉他，让他来安排所有人即可。

**温馨提示**

1．人际沟通：没有最好的沟通方式，重要的是必须采用所有人能接受的方式才有效。
2．操作程序2中，导师可选择多种方式确保这个号码只有本人知道，如在其耳边轻声告知，导师可根据具体情况自行决定。
3．此游戏可应用于多个课程。

**你说我做**

游戏类型：人际沟通
参加人数：单位班级人数，分组进行
游戏时间：90分钟
所需材料：七彩积木、秒表
场地要求：宽敞的教室

**活动目的**

培养学生的沟通和表达能力。

 **操作程序**

1．分组：每组 8～12 人最佳。
2．导师介绍游戏任务和游戏规则，在游戏开始前，每组有 10 分钟的讨论时间，根据自己平时的特点分成两队，分别为"指导者"和"操作者"。
3．请每组的"操作者"暂时先到教室外面等候。
4．这时导师拿出自己做好的模型，让每组剩下的"指导者"观看（不许拆开），并记录下模型的样式。
5．15 分钟后，将模型收起，请"操作者"进入教室，每组的"指导者"将刚刚看到的模型描述给"操作者"，由"操作者"搭建一个与模型一模一样的造型。
6．导师展示标准模型，用时少且出错率低者为胜。
7．分享感受。

 **相关讨论**

1．游戏成功了还是失败了？
2．大家感受如何？
3．你在游戏过程中做了什么？对团队的贡献是什么？
4．你的指令清晰吗？
5．同伴是否准确地明白了你的意思？
6．游戏过程中遇到了什么问题？在遇到问题时是如何解决的？
7．游戏对我们的生活和学习有哪些启示？

 **游戏总结**

沟通：同伴清楚准确的表述是行动的前提条件。另外，所表述的意思必须为对方所理解，否则就不是十分有效的信息。另外，双方的沟通和信任是合作的基础，只有这样才能顺利完成任务。

 **温馨提示**

1．根据实际情况，本游戏可以进行两轮。第一轮，导师给"指导者"展示的模型可以略微简单些，第二轮则增加难度。如果时间允许，也可以进行三轮。
2．本游戏可用于学生干部培训，见右图。

游戏类型：人际沟通
参加人数：单位班级人数
游戏时间：60分钟
所需材料：A4纸（废纸也可，按照参加活动学生人数的双倍准备）
场地要求：宽敞的教室

 **活动目的**

使学生体会到单向沟通与双向沟通两种沟通方式的差异，培养学生的沟通技巧。

 **操作程序**

**第一步**

1．给每位学生发一张 A4 纸。
2．导师宣布：现在我们要做一个简单的"撕纸"游戏，这个游戏我和大家一起做。
3．游戏开始，导师发出指令，要求学生根据指令来做。
4．请大家闭上眼睛，要求全过程不允许说话，也不许提问。
5．导师开始发出指令，并且自己也按照指令边说边做：请各位同学把纸对折、再对折、再对折；把右上角撕下来，转 180°，把左上角也撕下来。

6．请大家睁开眼睛，把纸打开。

导师询问："现在让我们来看一看有多少人手中的纸与我的纸形状一模一样。"结果会发现：很少有人的纸与导师手中的纸形状一样，即使学生之间也很难有相同的答案。

**第二步**

这时导师可以请一位学生上来，重复上述的指令，唯一不同的是这次学生们可以提问。完成之后，请同学之间再进行比对，是否比第一次撕出来的纸的形状相似程度高。

### 相关讨论

1．完成第一步之后可以问大家，为什么会有这么多不同的结果？

**可能答案**：因为进行单向沟通，不许问问题，所以会有误差。

2．完成第二步之后问大家，为什么比第一次撕出来的纸的形状相似程度提高了？

**引导方向**：双向沟通的重要性。

### 游戏总结

1．了解沟通方式，对人际交往有帮助，尤其是双向沟通更有利于建立良好的人际关系。

2．成功的沟通取决于明确的指示、清楚的措辞、共同的理解。

### 温馨提示

1．导师的指令可随意变化。

2．注意不要选择太厚的纸，否则到最后有可能撕不动了。

## 我说你画

游戏类型：人际沟通
参加人数：单位班级人数
游戏时间：60分钟
所需材料：两张样图，每人一张16开白纸和笔
场地要求：宽敞的教室

 **活动目的**

1．让学生学会全局思维、清晰表述、准确回应。
2．让学生学会多角度找原因，主动承担责任。
3．体验有效的信息沟通，包括准确表达、用心聆听、思考质疑、明确、归纳等。

 **操作程序**

1．第一轮请一名志愿者上台担任"传达者"，其余人员都作为"倾听者"，"传达者"看样图一两分钟，背对全体"倾听者"，下达画图指令。
2．"倾听者"们根据"传达者"的指令画出样图上的图形，"倾听者"不许提问。
3．根据"倾听者"的图，"传达者"和"倾听者"谈各自的感受。
4．第二轮再请一位志愿者上台，看着样图二，面对"倾听者"们传达画图指令，其中允许"倾听者"不断提问，看看这一轮的结果如何？
5．请"传达者"和"倾听者"谈自己的感受，并比较两轮过程与结果的差异。

 **相关讨论**

1．完成第一步之后可以问大家，为什么会有这么多不同的结果？
**可能答案**：因为进行单向沟通，不许提问，所以会有误差。
2．完成第二步之后问大家，为什么这次同学们画出的图与样图的相似程度比第一次提高了？
**引导方向**：双向沟通的重要性。

 **游戏总结**

沟通是一门需要互相表达与倾听的互动的艺术。沟通最直接、最简单的形式就是对话，即用语言来沟通。而用语言来沟通就必须建立在会表达、会倾听的基础之上。试想如果不会表达，那么其必然会成为沟通的绊脚石，不会倾听就更谈不上沟通了。所以要进行有效沟通就必须学会倾听、学会表达。

 温馨提示

1．第一轮与第二轮两张样图构成图形基本一致，但位置关系有所区别。
2．两轮中的"传达者"可以为同一人，也可以为不同人。
3．邀请"倾听者"谈感受时要选择有代表性的，如画得较准确的和特别离谱的，这样便于分析出造成不同结果的多种因素，从而找到改进的主要原因。
后附"样图一"和"样图二"。

样图一：

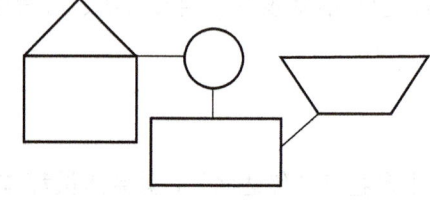

样图二：

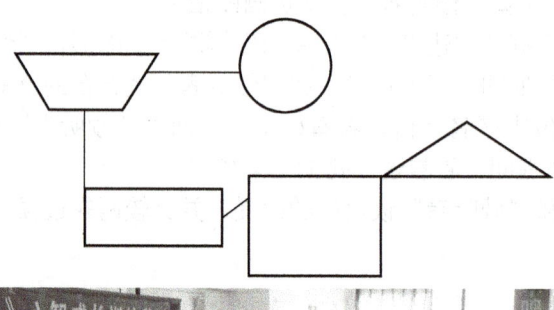

## 盲人方阵

**游戏类型：** 人际沟通
**参加人数：** 单位班级人数，分组进行
**游戏时间：** 120～150分钟
**所需材料：** 一根长绳（18～25米），足够的眼罩（按学生人数定），秒表
**场地要求：** 宽敞的空间

### 活动目的

1. 提高学生对沟通的认识和理解。
2. 锻炼学生的沟通技巧。

### 操作程序

1. 分组，将全班学生分为六组，分组分区域站立。例：

2. 导师讲解规则：
规则一，从此刻开始到游戏开始，请大家保持安静。
规则二，游戏任务书只能在组内传阅，不允许在组间传递。
3. 导师讲解完规则后，请第六组的同学戴上眼罩，再将1～5组同学的任务书分发给他们，并给3分钟时间在组内传阅，时间一到，马上收回任务书。
4. 每个组任务书的内容如下：
第1组：找到绳子，并将绳子上的结解开。

第 2 组：将绳子围成一个面积最大的正方形。
第 3 组：将全部学生平均分配在正方形的每条边上。
第 4 组：不能均分的学生放在正方形的中央。
第 5 组：游戏时间 20 分钟。
5．将绳子给第六组的一个学生。
6．导师宣布游戏开始。

 **相关讨论**

1．游戏成功了还是失败了？
2．游戏成功/失败的原因是什么？
3．在刚才的游戏中你发挥了怎样的作用？
4．你们小组是如何配合的？
5．这个游戏对我们的学习和生活有什么启示？

 **游戏总结**

此游戏可以从多方面进行总结，作为沟通类游戏列举如下：
1．沟通：每个人都积极参与、互相配合。
2．团队智慧：如何用一根长绳围成正方形。

 **温馨提示**

1．这个游戏教会所有学生如何在信息不充分的条件下寻找出路，大家耗用时间最长、最混乱、所有人最焦虑的时候是在领导人选出、方案确定之前，当领导人产生、有序的组织开始运转的时候，大家虽然未有胜算，但心里会坦然许多。行动方案得到大家的认同并推进，学生们便会在同心协力中初尝胜利的喜悦。

2．注意事项：
（1）尽量选择在无坡度、无障碍的宽敞空间进行；若在室内进行则需保证有足够宽敞的空间供大家活动开来。若在户外进行，遇地面不平的场地，必须提前告知学生，并提醒学生初步感受一下地面的状况。
（2）在游戏进行过程中导师拒绝回答学生任何关于游戏的问题。
（3）在游戏结束时导师应要求学生在闭着眼睛的情况下打开眼罩，在适应光线的情况下再慢慢睁开眼睛（或数到 10 的时候再一起睁开眼睛），以免强光伤害到学生的眼睛。

3．本游戏也可作为团队合作类游戏，详见"团队合作篇"。

**游戏类型：** 人际沟通
**参加人数：** 单位班级人数，分组进行
**游戏时间：** 120～150分钟
**所需材料：** 任务书、5套不同颜色的七巧板、图片卡、秒表、记分单
**场地要求：** 宽敞的教室

### 活动目的

1．培养学生主动沟通的意识，提高沟通技巧和沟通能力。
2．培养学生科学系统的思维方式，增强全局观念。
3．了解团队领导者的角色定位和领导作用。
4．体会团队之间加强合作的重要性，学习竞争、合作与共赢之间的内在关系和学习价值，合理处理竞争关系，实现良性循环。
5．了解团队目标与个体目标之间的关系，并通过实践分析二者之间的关系。

### 操作程序

1．分组：将全班学生分为7个小组，每组学生围圈而坐。各组具体位置如下图：

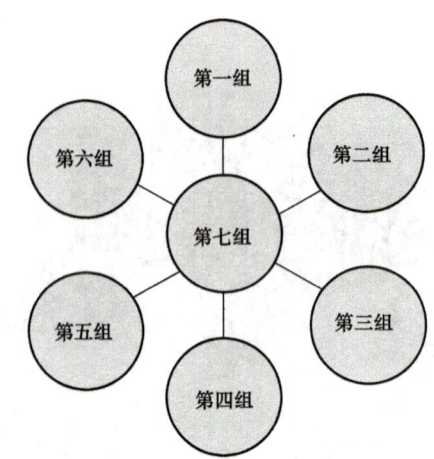

2．导师向所有学生讲述游戏的模拟情景：7个不同的职能部门，共同完成一项任务。例如，某次交通事故伤者就医，有可能涉及医院的7个科室，7个科室如何配合救治的问题……

3．介绍游戏规则：

（1）"落地生根"：活动中要求每个小组学生不许离开固定的区域，身体不得离开所坐的凳子或垫子，凳子或垫子不得离开所在的地面，不许随意抛接七巧板。

（2）每个小组都将得到一份任务书、一张图卡和几块七巧板，应全力以赴去完成任务书上所布置的任务。

（3）在任务进行过程中，图卡和七巧板可以进行交换和传递，但任务书不能交换。

（4）每完成一个任务，请举手示意，导师认可并计分后，可进行下一个任务。

（5）每个图都必须由七巧板组成，每个任务每组最多只能完成一次。

（6）导师不会告诉你应该怎么做，只会制止你不应该采取的行为。

（7）游戏时间为40分钟。请遵守规则，注意安全！

4．把混在一起的35块七巧板随机发给7个组，每组5块。提醒学生在游戏中使用七巧板时注意安全，只能手递手传递，严禁抛扔。

5．然后将图一至图七按顺序发给7个组，最后将任务书一至七按顺序发给七组。

6．向所有学生宣布：现在游戏40分钟计时开始，请大家遵守规则，注意安全。

7．游戏时间到后，首先计算得分。

附七巧板记分表。

**七巧板记分表**

| | 一 | 二 | 三 | 四 | 五 | 六 | 七 | 八 | 九 | 总分 |
|---|---|---|---|---|---|---|---|---|---|---|
| 一组 | | | | | | | | | | |
| 二组 | | | | | | | | | | |
| 三组 | | | | | | | | | | |
| 四组 | | | | | | | | | | |
| 五组 | | | | | | | | | | |
| 六组 | | | | | | | | | | |
| 七组 | | | | | | | | | | |

记分表说明：

（1）记分表要在培训前在大白纸或白板上画好。

（2）在游戏进行过程中，导师得到学生组好图形的示意后，到学生那里确认学生所组的图形，然后把相应的得分记在记分表的相应位置。记分表第一行标的一至七分别对应图一至图七，八对应的是周围六组拼成的长方形，九对应的是周围六组拼成的正方形。第七组的第一个格记录的分数为周围六组总分的10%，第二个格记录的是周围六组组成的正方形数乘以5后的分数。注意，正方形只有五个有分，所以周围六组肯定有一组没有正方形的分数。

（3）最后把团队总分算好，如果达到1000分，宣布游戏成功，没有达到则宣告游戏失败。根据任务书的记分规则，如果所有图形在规定的时间内都组好了，总分应该是1046分。

8．进行游戏回顾：

（1）导师首先把游戏过程中出现的一些现象给予重现（风趣幽默的语言）。

（2）组织学生围坐在一起，每个小组派出一个代表发表看法或所有人都简单地发表自己的看法。

（3）每个小组轮流大声念一下自己的任务书。

**相关讨论**

1．游戏成功了还是失败了？
2．在刚才的游戏中你做了什么？
3．你们是如何配合的？
4．什么因素促进了游戏的完成？什么因素阻碍了游戏的完成？
5．这个游戏对我们的学习和生活有什么启示？

**游戏总结**

1．信息共享：一三五组的任务完全一样，二四六组的任务完全一样，并且这六组的第三个任务完全一样。只要各组通过有效的交流，或者第七组有效领导与分享传达信息，游戏会简单很多，在现在看来共享信息是节约成本、减少消耗的很重要一环。

2．资源的有效利用：资源和信息的优化配置根本不可能在很多局部"小交易"中进行，也不可能达到人们想要的结果。

3．角色定位：关于第七组的任务，容易让人产生歧义，正是这样的原因才能让我们产生真正的团队观念和意识，这也是一个非常重要的角色定位问题。

4．信任：活动中出现的信任问题必须正确认识，没有规则的活动是对交换的承诺和好借好还进行检测的一次机会，它可以给我们更多的反思机会。

5．目标：团队需要明确如何达成目标，为了达成目标需要完成哪些任务，进而细化目标，进行任务分解。

6．人际交往：可以联系到人际交往，当你的朋友越多时，你收集资源的能力就越强，并且能够得到越多越大的支持。

7．领导力：一个团队的领导者是多么重要，它直接影响着团队能否成功。不仅如此，他的每一个决定都影响着团队的效率。如果他的领导出现偏差，会直接导致团队效率的降低。如果领导得当，就可以使团队的资源优化配置，高效地完成任务。

 **温馨提示**

1．导师在学生活动过程中，要注意对游戏的控制：
注意要求学生不得移动位置。
学生组好图形后，请确认图形，符合要求的，在记分表上记分。
游戏时间到 40 分钟时，结束游戏，计算各组分数和团队总分。
记分完毕，收回所有 35 块七巧板。
回顾结束后，收回 7 张任务书和 7 张图。

2．注意事项：
7 个组之间的距离最好为半米，便于学生交流。
由于七巧板有尖锐的角，传递时绝对不可以运用抛接的方式。
不允许有争抢和撕扯动作，活动过程中请注意使用合适的沟通语言。
导师在游戏过程中要仔细记录学生随时间而发生的变化，待游戏结束后，带领学生回顾整个游戏过程。

## 附 各组任务

### 一组任务书

你们组的任务是：

1．用5种颜色的图形分别组成图一至图六，每完成一个图案将得到10分。
2．用同种颜色的图形组成图七，完成后将得到20分。
3．用3种颜色的7块图形组成一个长方形，完成后将得到30分。
每完成一个图案，请通知导师，导师确认后，将登记分数。

### 二组任务书

你们组的任务是：

1．用同种颜色的图形分别组成图一至图六，每完成一个图案将得到10分。
2．用5种颜色的图形组成图七，完成后将得到20分。
3．用3种颜色的7块图形组成一个长方形，完成后将得到30分。
每完成一个图案，请通知导师，导师确认后，将登记分数。

### 三组任务书

你们组的任务是：

1．用5种颜色的图形分别组成图一至图六，每完成一个图案将得到10分。
2．用同种颜色的图形组成图七，完成后将得到20分。
3．用3种颜色的7块图形组成一个长方形，完成后将得到30分。
每完成一个图案，请通知导师，导师确认后，将登记分数。

### 四组任务书

你们组的任务是：

1．用同种颜色的图形分别组成图一至图六，每完成一个图案将得到10分。
2．用5种颜色的图形组成图七，完成后将得到20分。
3．用3种颜色的7块图形组成一个长方形，完成后将得到30分。
每完成一个图案，请通知导师，导师确认后，将登记分数。

### 五组任务书

你们组的任务是：

1．用5种颜色的图形分别组成图一至图六，每完成一个图案将得到10分。
2．用同种颜色的图形组成图七，完成后将得到20分。
3．用3种颜色的7块图形组成一个长方形，完成后将得到30分。
每完成一个图案，请通知导师，导师确认后，将登记分数。

### 六组任务书

你们组的任务是:

1．用同种颜色的图形分别组成图一至图六,每完成一个图案将得到 10 分。
2．用 5 种颜色的图形组成图七,完成后将得到 20 分。
3．用 3 种颜色的 7 块图形组成一个长方形,完成后将得到 30 分。

每完成一个图案,请通知导师,导师确认后,将登记分数。

### 七组任务书

你们组的任务是:

1．领导团队在规定时间内完成任务,达到 1000 分的目标。
2．指挥其他各组学生,用所有的 35 块图形组成 5 个正方形,每个正方形必须由同种颜色的 7 块图形组成。每完成一个正方形,你将得到 20 分,组成正方形的那个组将得到 40 分。
3．支持其他各组学生,在规定时间内得到更多的分数,其他各组总分的 10% 将作为你的加分奖励。

**附** 图一至图七

图一

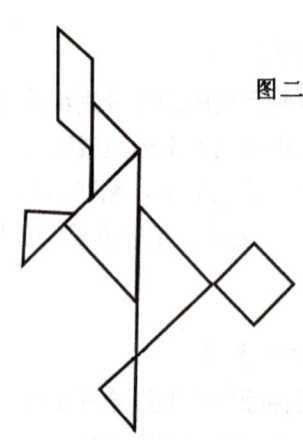

图二

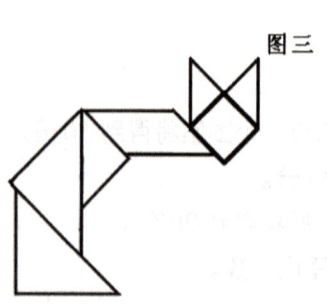

图三

图四

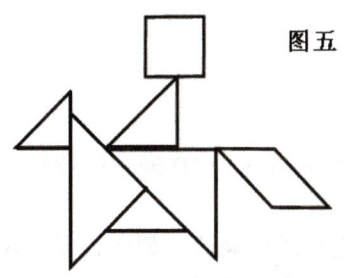

图五

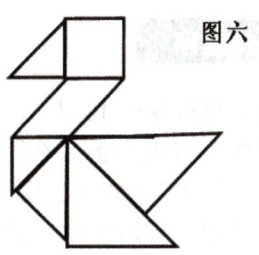

图六

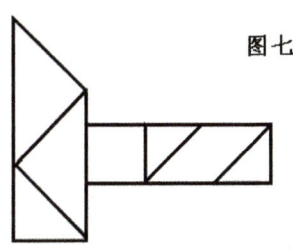

图七

**翻牌游戏**

**游戏类型**：人际沟通
**参加人数**：单位班级同学，分组进行
**游戏时间**：90分钟
**所需材料**：1副扑克牌、1块秒表
**场地要求**：宽敞的空间

### 活动目的

1. 使学生意识到，充分沟通对团队目标实现的重要意义。
2. 使学生学会制度规则的建立与修正。
3. 认识到自身的重要性，以及对团队所做出的贡献。

### 操作程序

1. 分组：每组 8～10 人。
2. 每组学生排成一列，在距离每列第一名学生的前方的 10 米处摆放扑克牌，将扑克牌按不规则的顺序反面向上摆放。
3. 游戏开始，导师计时，第一名学生跑到扑克牌面前翻牌，翻到 A 牌，A 向上，反之背朝上放回，跑回和第二名学生击掌，第二名学生跑到扑克牌前翻牌，如果第一名学生已经把 A 牌翻正，第二名学生翻 1 号牌，反之翻 A 号牌，翻到正面朝上，未翻到，背面朝上，跑回和第三名学生击掌，依此类推。牌翻正的顺序是 A\1\2\3\4\5\6\7\8\9\10\J\Q，最快将所有扑克牌翻到的一组获胜。

### 相关讨论

1. 完成这个任务，你觉得最重要的是什么？
2. 在游戏开始前，你们组是否商量了对策？
3. 在游戏过程中，你是否执行了商量好的决策？
4. 你们以后在生活中、学习中会怎么做？

### 游戏总结

本游戏可以从多方面进行总结，列举如下：
1. 培养主动沟通的意识，用最短的时间达成认识的一致、行动的一致。
2. 团队合作：每个人都积极参与、互相配合。
3. 善于进行创造性思考，并将其作为解决问题的有效途径。

### 温馨提示

1. 游戏尽量在无坡度、无障碍的宽敞空间进行；若在室内进行则须保证有足够宽敞的空间供大家活动开来。若在户外进行，遇地面不平的场地，须提前告知同学，并提醒同学初步感受一下地面的状况。
2. 所有人依此轮流翻牌，同一人不得连续翻牌。
3. 同一时间只允许 1 人进入翻牌区域（切记不得越线）。
4. 每人每次只允许翻 1 张牌，翻的牌只允许自己看到，不允许拿给其他人看。如果是需要的就翻出来，如果不是要扣回原位。
5. 不允许擅自改变扑克牌的排列阵型，不得在牌上做记号，不得损坏牌。
6. 每次违规会在最终成绩上增加 20 秒，如果最终时间超过时限，则记当轮失败。

# 第七部分

## 时间管理篇

1. 扮时钟
2. 十秒掌声
3. 一分钟价值
4. 时间分割
5. 时间都去哪了
6. 目标搜索
7. 大石头小石头
8. 时间规划师

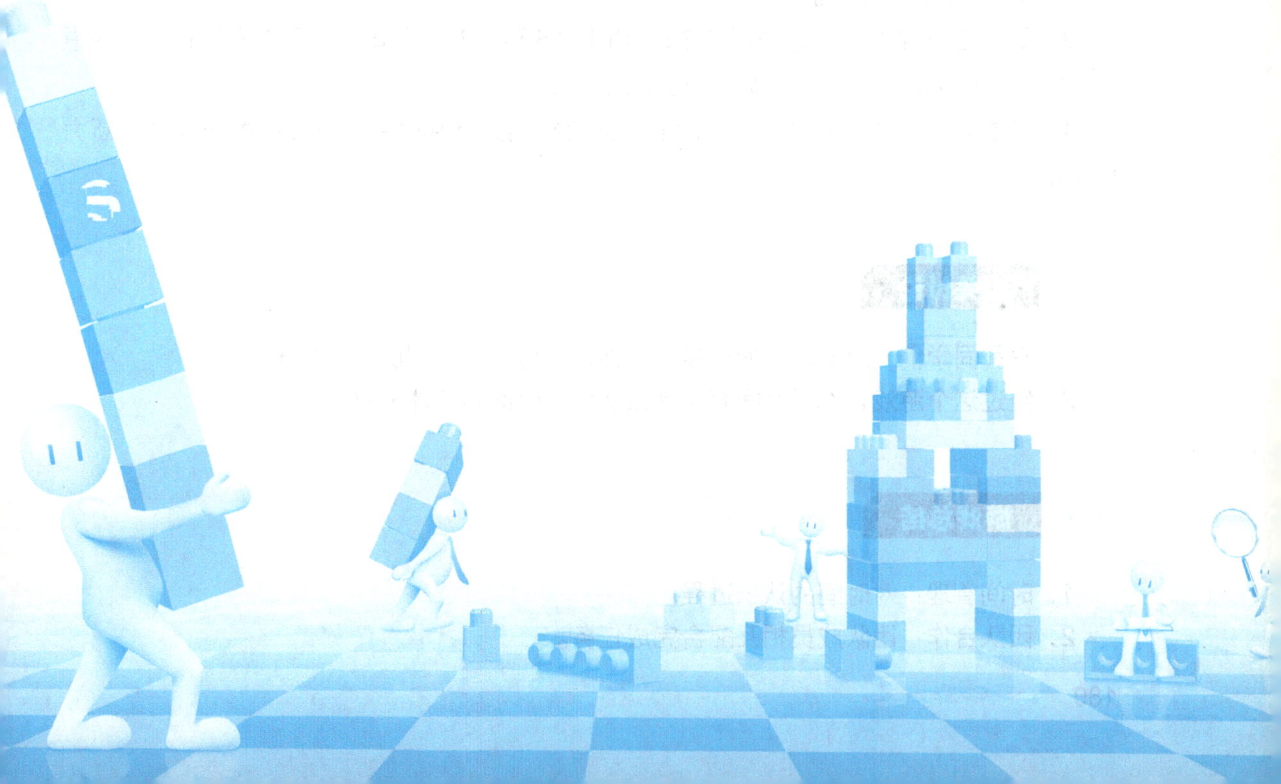

游戏类型：时间管理/沟通合作
参加人数：单位班级人数，分组进行
游戏时间：30分钟
所需材料：白板或墙壁、笔、3种不同长度的棍子
场地要求：宽敞的教室

 活动目的

1．增强学生的时间意识，训练其反应能力。
2．可以加强彼此之间的沟通，活跃气氛。
3．训练学生之间的协调和团队合作能力。

 操作程序

1．在白板或墙壁上画一个大的时钟模型，分别将时钟的刻度标识出来。
2．找3个人分别扮演时钟的秒针、分针和时针，每人手上拿着一根棍子或其他道具（3个道具要长短不一，代表时钟的指针）在时钟前面站成一纵列（注意是背向白板或墙壁，扮演者看不到时钟模型）。
3．导师任意说出一个时刻，如3时45分15秒，3个扮演者要迅速将代表指针的道具指向正确的位置，指示错误或指示慢的人受罚。
4．可重复玩多次，亦可有一人同时扮演时钟的分针和时针，以训练表演者的判断力和反应能力。

 相关讨论

1．在和同学们一起扮时钟的过程中，你是否感觉到了团队合作的乐趣？
2．经过这个游戏，你对时间有了什么认识？时间是具体的吗？

 游戏总结

1．时间管理：对时间的认识过程。
2．团队合作：团队成员相互配合完成任务。

**温馨提示**

本游戏可作为时间管理主题活动的破冰游戏。

游戏类型：时间管理/设定目标
参加人数：单位班级人数
游戏时间：30分钟
所需材料：秒表、笔、纸（按学生数量准备）
场地要求：宽敞的教室

**活动目的**

1. 感受每秒钟的价值，学会有效利用时间。
2. 体验制订目标的重要性，懂得如何设定一个适合自己的具有可操作性的目标。

**操作程序**

1. 导师宣布游戏规则：
（1）没有导师指令，不能随便拍掌。

（2）在拍掌过程中，不能说话和讨论。

（3）导师发出开始指令后，学生马上拍掌，导师发出结束指令后，学生马上停止拍掌。

2．导师发出指令："请同学们拍掌。"事前不要告诉学生要计数，也不要让学生看秒表，就让他们随便拍。10秒钟后请学生汇报自己拍了多少下。

3．让学生在脑海中试想10秒钟能拍多少下，把次数写在纸上。

4．导师计时，学生拍掌，数数10秒拍了多少下，把次数写在纸上。

5．让学生再定一个目标，预计10秒钟能拍多少下，把次数记在纸上。

6．导师计时，学生拍掌，数数10秒拍了多少下，把次数写在纸上。

 **相关讨论**

1．第一次导师没有要求拍多少下的时候，你是怎么表现的？

2．你几次定的目标有什么变化？

3．当你第一次定的目标太高，很难达到的时候你有什么感受？随后你是如何调整目标的？

4．当你"实际拍掌次数"远远超过"目标的时候"，你的心情如何？

5．我们定目标的时候要注意什么？

6．刚才的活动给你什么启示？

 **温馨提示**

1．积极鼓励所有的同学认真参与。

2．对已经玩过本游戏的同学，提醒其不要"剧透"。

第⑧部分 时间管理篇

一分钟价值

游戏类型：时间管理/创造力
参加人数：单位班级人数，分组进行
游戏时间：60分钟
所需材料：秒表、白纸、笔
场地要求：宽敞的教室

 活动目的

1．让学生意识到生命是由每分每秒组成的，热爱生命就要从珍惜每一分每一秒开始。
2．利用好每一分钟，在有限的时间里创造出其应有的价值。

 操作程序

1．分组：每小组8～10人最佳，选出小组长、记录员。
2．导师请全体同学感受一分钟有多长。
让大家都闭上眼睛，开始计时，认为到一分钟时睁开眼。到一分钟时导师请大家睁开眼睛，大家体验自己对一分钟的判断是否准确。
3．讨论一分钟能做多少事？
（1）导师提出讨论问题：一分钟能做多少事？
（2）小组讨论，记录员记录讨论结果。
（3）验证讨论结果。
（4）全班交流。

 相关讨论

1．谈谈你对一分钟的认识。
2．如何把一分钟的价值发挥到最大限度？

 游戏总结

珍惜时间：一分钟很快就会过去，能做的事情也是极其有限的。但生命是由无数个一

分钟组成的,如果珍惜每一个一分钟,学会将其化零为整,就能干出很多伟大的事情。

 **温馨提示**

1. 导师应尽可能激发学生对一分钟价值的挖掘,让他们重新认识日常生活、学习中的每一分钟。

2. 有的同学可能觉得这个话题没有什么意思,在讨论的时候不认真,此时导师要注意及时引导,把本次活动的目的和意图告诉学生,让他们通过本游戏反省自己在日常生活中对待每一分钟的态度。

游戏类型:时间管理
参加人数:单位班级人数
游戏时间:60分钟
所需材料:若干2厘米宽、30厘米长的纸条(按学生人数准备)
场地要求:宽敞的教室

 **活动目的**

让学生体会时间的有限,懂得珍惜时间,学会合理安排时间。

**操作程序**

1. 每人发一张纸条。
2. 导师指导语:"每人手中的纸条代表我们自己的人生,每个人都有自己的梦想,请大家在纸条上画出时间刻度,比如你的生命长度。再在纸上画出你最想实现梦想的时间点。"
3. 待学生画好时间点后,导师请全体学生将他们已经度过的时间按比例撕掉纸条,比如今年17岁的同学撕掉17年时间。
4. 然后再撕去梦想后面的时间。
5. 最后撕去并没有为梦想努力的时间(1/3的睡眠时间,吃饭、清理个人卫生的时间,体育锻炼的时间,休闲娱乐的时间)。
6. 观察自己手中纸条还剩多少。

**相关讨论**

1. 看着现在手中的小纸条,你有什么感觉?
2. 在撕纸条的游戏中,给你感触最深的是哪个环节?
3. 你平时是如何利用时间的?
4. 你现在对时间有了什么新的看法?

**游戏总结**

珍惜当下、珍惜时间。

**温馨提示**

本游戏是启发学生思考如何合理安排自己的时间,所以撕完后的交流很重要,导师应根据学生的时间管理计划做出恰当的点评。

> **游戏类型**：时间管理
> **参加人数**：单位班级人数
> **游戏时间**：40分钟
> **所需材料**：纸、签字笔、彩笔（按参与学生数量准备）
> **场地要求**：宽敞的教室

### 活动目的

检视平时的时间管理状况，启发学生思考如何安排自己的时间。

### 操作程序

1．将纸、签字笔、彩笔发给每位同学，每人在纸上画一个圆，代表一天24小时。
2．把平时一天的时间分配画到饼图上。
3．要求：尽量具体，实事求是。

### 相关讨论

1．一天的时间最多分配在哪件事情上？其次呢？
2．画出来的饼图跟你预想的一样吗？
3．哪些颜色的时间是可以扩大的？哪些是可以缩小的？
4．你的时间分配得合理吗？
5．别人有没有浪费我的时间？有哪些方法可以减少或消除这种情况？
6．自己有没有浪费别人的时间？
7．我做的哪些事对我的目标很重要？哪些和目标无关？

### 游戏总结

1．二八原则：生活中真正重要的事情只占20%，只需要集中处理生活、学习中比较重要的20%部分，生活、学习就会卓有成效。将太多时间花费在琐碎的80%上，只能取得20%的成效。
2．确定自己的最佳效率时间，让时间增值。

### 温馨提示

本游戏重点提示大家每天24小时如何度过更有意义,所以,学生的最后分享要组织好。

**游戏类型**:时间管理/目标管理
**参加人数**:单位班级人数
**游戏时间**:40分钟
**所需材料**:纸、笔(按学生数量准备)
**场地要求**:宽敞的教室

### 活动目的

1. 让学生认识到时间的紧迫性,学会合理利用自己的时间。
2. 培养学生的目标意识,让目标引领自己的行为。
3. 让学生澄清并明确自己近期的目标,懂得分清主次。

### 操作程序

1. 每人发一张纸和一支笔,请同学们在纸上写出自己近期内要完成的5件重要的事情,可以是学习、交友、旅游、练字、买衣服、读完某一本书或参加某方面活动等。
2. 假如你现在有特殊事情,必须在5件事中划掉两项。

3．现在又有特殊情况发生，你必须再划掉一项。

4．现在还要再划掉一项。

5．最后只剩下一件事了，这就是近期内你最想做的、对你来说最重要的一件大事，这就是你当前的奋斗目标。

**相关讨论**

1．你每次划掉事情的顺序和心情如何？

2．你近期的奋斗目标是什么？

3．你是不是想要实现那个目标？你是不是一定要实现那个目标？

4．你具备实现目标的条件吗？你将怎样利用这些条件呢？

5．实现目标的困难难以克服吗？你要不要克服？你一定要克服吗？

**游戏总结**

1．目标设定：设定的目标应是跳一跳就够得着的、可以实现的，而不是高不可攀的，如完成一项计划或在现在的基础上学习、进步等。过高的目标对指导实际的学习行为往往效果不大，有时甚至还起到反作用。

2．目标期限：将自己要实现的目标，明确一个实现的期限。例如，短期目标就可以以一个星期、一个月为期限，中期目标可以以半个学期或一个学期为期限等。

**温馨提示**

导师在进行最后分享总结时，应尽可能地把时间管理与目标设定的关系用最简洁的语言表述出来，让学生真正认识到时间管理对实现目标的作用之大。

## 大石头小石头

**游戏类型**：时间管理
**参加人数**：单位班级人数，分组进行
**游戏时间**：40 分钟
**所需材料**：透明容器、水、沙子、小石头、大石头
**场地要求**：宽敞的教室

### 活动目的

通过游戏体验学习如何合理安排时间，减少时间的浪费，以便有效完成既定目标。

### 操作程序

1. 分组：8～10 人一组，选出一名小组长。
2. 导师展示实验用具，布置任务：如何将所有的水、沙子和大小石块全部装入容器里？
3. 每小组选出代表上台尝试。
4. 成功装入的小组分享经验。

### 相关讨论

1. 你有没有想出装入的顺序？
2. 容器代表什么？
3. 大小石块、沙子和水分别代表什么？
4. 这个游戏还给你什么启示？

### 游戏总结

1. 时间无须拼命地挤，而应合理地安排、有益地补充。
2. 人生的规划就如同放置的顺序。

### 温馨提示

本游戏也可以不分组，请全体同学观摩，部分同学上台尝试把大小石头、沙子、水按自己的方式装入透明容器中。

## 时间规划师

**游戏类型**：时间管理
**参加人数**：单位班级人数
**游戏时间**：50 分钟
**所需材料**：四象限表格、我的一日活动清单、多媒体设备
**场地要求**：宽敞的教室

 **活动目的**

激发学生进行时间管理的动机，形成珍惜时间、科学管理时间的生活态度。

 **操作程序**

1. 时间战略：下面这个表格，向我们呈现了划分事情的几个维度。

|  | 迫切的 | 不迫切的 |
|---|---|---|
| 重要的 | 象限1 | 象限2 |
| 不重要的 | 象限3 | 象限4 |

第一象限中，列出重要而急迫的事情，这是优先要做的事情。

第二象限中，列出重要但不紧急的事情，这一象限的事情应集中注意力努力去做，以防止成为第一象限的事情。

第三象限中，列出不重要、但别人觉得很迫切的事情。

第四象限中，列出不重要、但别人觉得可能很迫切的事情。

2．活动归类：按自己的标准将以下活动归类到以上 4 个象限中。

明天要交英语课作业，但你还没开始做。

下周要交班级手抄报，你已经完成了一半。

好朋友想约你这几天去看一部他很想看的电影，请你马上回电。

你的朋友想请你参加一个演讲会，但你一点兴趣都没有。

牙疼很久了，想去看牙医。

3．小组讨论：统一活动所属象限。

4．一日清单：请在我的一日活动清单中列出今天要完成的事项清单。

| 我的一日活动清单 | | |
|---|---|---|
| | 迫切的 | 不是迫切的 |
| 重要的 | | |
| 不重要的 | | |

### 相关讨论

1．如果我们经常做第一象限的事情，说明什么？
2．如果我们经常做第二象限的事情，说明什么？
3．如果我们经常做第三象限的事情，说明什么？
4．如果我们经常做第四象限的事情，说明什么？
5．你在日常生活中喜欢做哪一类的事情？这导致的结果是什么？
6．你是如何区分事情的重要性与紧急性的？
7．我们应该把平时的注意力放在哪一象限的事情上？

### 游戏总结

1．计划：合理的时间规划能使时间的利用实现最大化，使我们做事更有效率。
2．执行：明白时间的珍贵，即刻付诸行动。

### 温馨提示

1．一定要鼓励学生分享活动感受。

2．如果学生的计划清单完全偏向一方面，要引导学生看到生活的丰富性。

3．帮助学生理解紧急与重要的关系，指导学生不要把时间、精力过多地放在紧急却不重要的事情上，而要多把注意力放在重要但不紧急的事情上。

# 第八部分

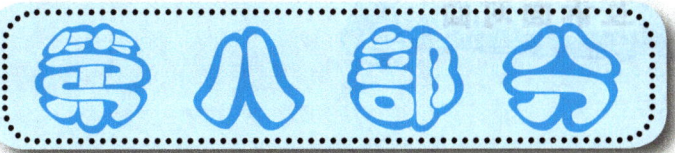

## 情绪管理篇

1. 互诉面对面
2. 疯狂复印机
3. 忍者无敌
4. 天黑请闭眼
5. 蜗牛的家
6. 解压我有招

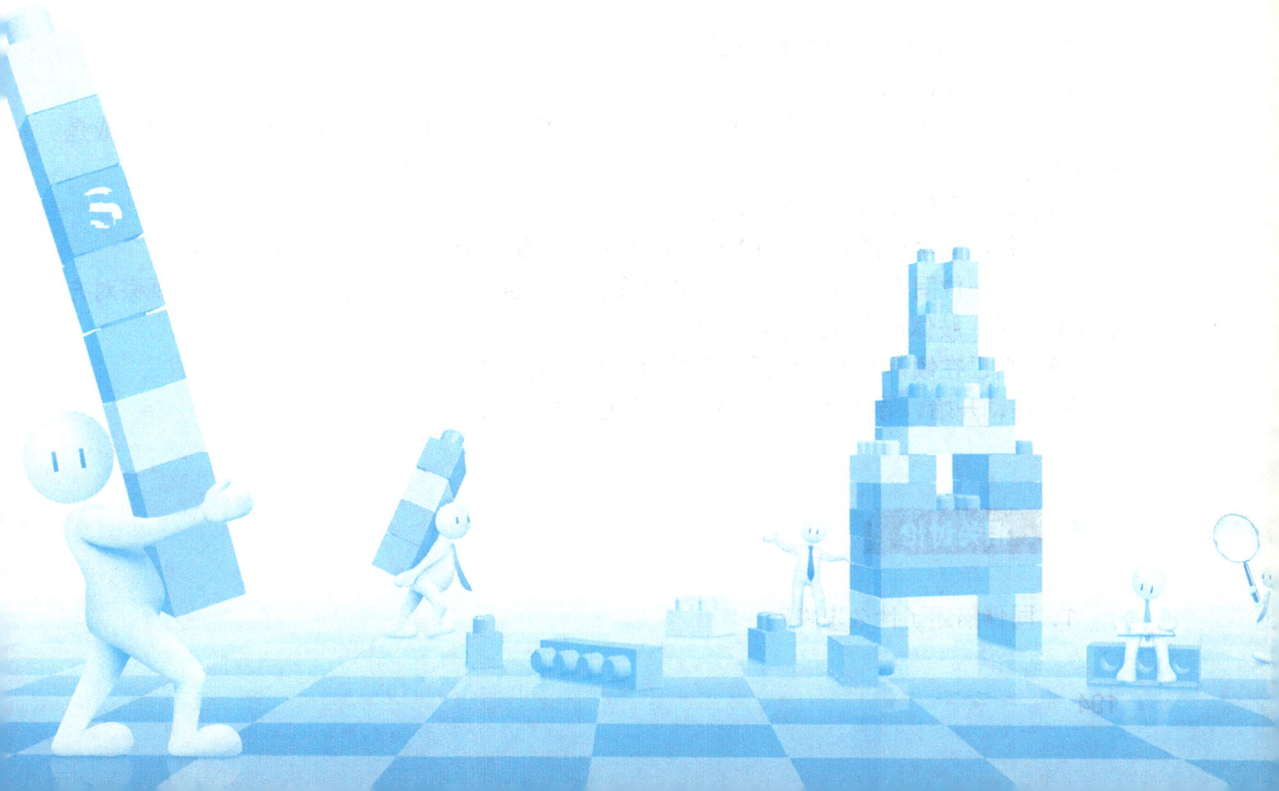

## 互诉面对面

游戏类型：情绪管理
参加人数：单位班级人数
游戏时间：60 分钟
所需材料：无
场地要求：宽敞的空间

 **活动目的**

1．运用面对面倾诉、倾听的活动形式，通过对方的语言内容、声音，观察对方的面部表情、肢体动作等来理解和感受对方的情绪，同时感受自己当下的情绪。

2．提高学生对自身以及他人情绪的洞察力，学会尊重和关注他人的感受，并适时适当地表达个人感受。

 **操作程序**

1．全体同学两两搭档结成小组。
2．导师宣布活动规则：
（1）向同伴诉说你最近遇到的一件事，这件事可以是开心的、不顺心的、焦虑的或是难过的等。
（2）两名同学面对面坐在一起。
（3）每组同学诉说时间为 10 分钟，每名同学 5 分钟，导师负责计时和提醒。
（4）在一位同学倾诉时，同伴只能认真倾听，通过对方的语言内容、声音，观察对方的面部表情、肢体动作等来理解和感受对方的情绪，不得插话。
（5）自己在倾诉时也可以适当感受自己当下的情绪。
3．活动开始，导师计时并关注各组情况，直至结束。

 **相关讨论**

1．同伴描述了什么事件？

2. 同伴的情绪有哪些?
3. 同伴的面部表情和肢体语言中给你留下深刻印象的是什么?
4. 同伴分享时的情绪对你的情绪有什么影响?
5. 当你倾听对方时,你有什么感受?当你被倾听时,你有什么感受?

**游戏总结**

1. 情绪:学会倾听、尊重他人的情绪。
2. 肢体语言:是与人沟通交流中很重要的组成部分,它能有效地加强和削弱说话者的意思,甚至还能表达出与说话者的语言意思相反的信息。因此,我们要注意运用我们的肢体语言。

**温馨提示**

1. 学生对自身及他人情绪的感受能力较弱,这个游戏可以锻炼学生对自身以及他人情绪的洞察力,在引导讨论时,导师可注意引导学生学会"表达自身情绪,而不是情绪地表达"。
2. 注意事项:
(1)分享以自愿为主,可适当鼓励发言较少的学生。
(2)在分享过程中强调保密和尊重原则。

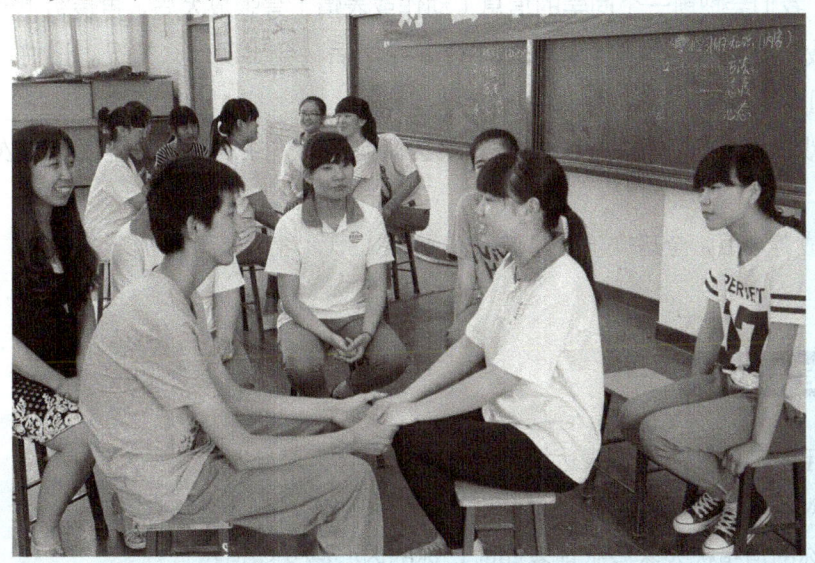

## 疯狂复印机

游戏类型：情绪管理
参加人数：单位班级人数
游戏时间：60分钟
所需材料：无
场地要求：宽敞的空间

 **活动目的**

体验情绪的人际传播，练习情绪的不同程度的表达。

 **操作程序**

1．导师引入："我们每个人都是一部复印机，可以把前一个同学传递的信息传达给下一个同学。但是由于最近计算机病毒蔓延，我们这些复印机都出了毛病，变成了疯狂的复印机。我们会把前一个同学的信息（动作或表情）夸张放大后，再传给下一位同学。现在，让我们看看当信息在全体学生中传递完之后，会出现什么情况。记住，我们是疯狂的复印机。"

2．游戏规则：每一位同学做出一个表达情绪的动作或表情，其他同学依次将其夸张放大。

3．完成游戏后，全班交流分享游戏感受。

 **相关讨论**

1．使用大动作和小动作表达情绪时，感觉有什么差异？
2．面对导师和同学的做出那么夸张的表情和动作，有什么感觉？
3．当你的情绪被大家夸张地复印时，你的内心感受如何？
4．本游戏对你的学习和生活有启发吗？

 **游戏总结**

随着我们长大，我们一方面开始把自己的内心的一部分藏起来，尤其是自己的情绪，不希望被别人看到；另一方面，又非常渴望被关注和理解。别人眼里微不足道的一些举动、话语都可能在我们内心的城堡里掀起巨浪。打开这座城堡的关键，就在于打开我们情绪的瓶塞，勇于表现自己的情绪。

 **温馨提示**

1．注意事项：

（1）第一轮游戏时，可以从导师开始，从单一动作开始。例如，导师微笑，下一位学生可能出声笑，再下一位学生就可能大笑，再下一位同学可能笑得直不起腰，再下一位同学就可能笑得满地打滚……

（2）允许学生在活动过程中大胆发挥，如果有人表现出色，应鼓掌给予奖励。开始时，可以选择微笑、惊讶、愤怒、跺脚等单一动作，等同学们都熟悉规则之后，可以把题目变成一连串带有情绪色彩的动作，向下传递。

（3）有个别学生在一开始放不开，这很正常。导师可以使用幽默的语言鼓励其放开并大胆尝试。例如，可这样说"看来这个复印机没有感染上病毒，一点都不疯狂啊。让我们一起朝他释放病毒吧。"然后带领全体学生做抖手状，然后要求学生再尝试一次。

（4）此外，导师的参与程度会影响学生的开放程度，所以导师一定要先释放自己，以带动整个活动的氛围。

## 忍者无敌

**游戏类型：** 情绪管理
**参加人数：** 单位班级人数，分组进行
**游戏时间：** 80 分钟
**所需材料：** 忍者护额两个
**场地要求：** 宽敞的空间

 **活动目的**

体验情绪的抑制和调控。

 **操作程序**

1．将所有同学分成两大组，每组派出一名选手作为"忍者"，请"忍者"戴上忍者护额。
2．游戏规则：
（1）请两名"忍者"面对面坐着，目不转睛地直视对方，必须始终保持面无表情。
（2）每组选出一名学生担当裁判员角色，负责监督对方组的"忍者"是否发笑。
（3）其他组员围在自己组的"忍者"背后，在不碰到两位选手的情况下，尽可能想办法捣乱，轮流逗对方的"忍者"发笑，可以张牙舞爪、跳滑稽舞、讲笑话、做鬼脸等。
（4）两位"忍者"中最先发笑的一方为失败方。失败者必须让出座位，换组内另一个同学作为"忍者"挑战胜利的选手，而自己想办法逗对方"忍者"发笑。
3．如此循环，直到有一组所有的组员都挑战失败，另一组成为胜利的"忍者无敌组"。
4．完成游戏后，全班交流分享游戏感受。

 **相关讨论**

1．想笑又不能笑的时候，是什么样的感受？
2．你可以通过哪些线索发现对方的"忍者"很想笑？
3．情绪抑制成功的组员有什么诀窍？

 **游戏总结**

1．观察力：引导学生观察扮演"忍者"同学的面部肌肉颤抖、气息变化、胸腹腔振动等细节线索，判断抑制后的情绪。

2.情绪控制：引导学生思考情绪控制的方法策略，帮助学生建立游戏与现实情景的联系。

3.情绪表达：引导学生找到适合的词语描述自己体验情绪抑制时的感受和解除抑制后的感受。

### 温馨提示

本游戏静中带动，动中带静，"忍者"需要绝对地静，但其他同学却要动，要想方设法使"忍者"发笑。因此，导师在游戏过程中，应注意维持秩序，保证通过本游戏达到预期目的。

**天黑请闭眼**

**游戏类型：** 情绪管理
**参加人数：** 单位班级人数，分组进行
**游戏时间：** 90分钟
**所需材料：** 扑克牌
**场地要求：** 宽敞的空间

### 活动目的

学会察觉他人情绪并控制自身情绪。

 **操作程序**

1. 分组：每组8～12人最佳。
2. 导师介绍游戏，对游戏中不同的游戏人物的任务进行说明。
游戏人物如下：
（1）法官：控制游戏进程的人。明确每个人的身份，要做到绝对公正。
（2）杀手：白天隐藏在好人中间；黑夜出来杀人。被杀后没有遗言，并不得再发言。
（3）好人：白天和大家一起抓出坏人；黑夜闭眼，对杀手行凶完全不知；被杀后有遗言，然后不得再发言。
3. 游戏流程（以9人为例）：
（1）根据人数准备好9张牌，按照不同的花色事前规定好法官1人、杀手2人、好人6人。
（2）每人取一张牌，明确自己的身份，除法官外，不要让任何人知道。
（3）法官宣布：所有人闭上眼睛，杀手睁眼相互认识。法官知道谁是杀手后，宣布：杀手请再次闭眼。然后，请所有人睁眼。
（4）接下来，按照座位顺序依次发表个人意见，相互指证，找出坏人。
（5）所有人发言完毕后，被指证最多的人有一次为自己申辩的机会。
（6）申辩完毕后，大家举手投票决定是否处决这个人。投票要求处决这个人的没过半数则该人存活。
（7）得票过半则处决，法官宣布被处决的人亮牌，让大家明确是成功抓到一个杀手，还是错杀一个好人。如错杀好人则有最后的遗言，杀手被处决则没有遗言。
（8）法官宣布天黑，所有人闭眼，杀手出来杀人。杀手用眼神相互交流，统一意见明确杀害的目标，并用眼神告诉法官杀掉谁。
（9）杀手杀人完毕后闭眼。然后请所有人睁眼。法官宣布哪个好人被杀，被杀的好人说出遗言。
（10）继续新一轮的讨论。因为大家都发过言了，并且也有人被指正、被杀害，因此线索会越来越多……同学们的思维会更活跃，讨论会更激烈。
（11）如此重复，直到好人将杀手全部抓出，则好人获胜；如好人全部被害，则杀手获胜。

 **相关讨论**

1. 你的身份是什么？
2. 你在游戏过程中如何掩饰／表达自己的身份？
3. 你是如何发现／确定他人的身份的？都正确吗？
4. 你有没有救自己的同伴？为什么？

5．这个游戏对你的生活和学习有什么启示？

 **游戏总结**

1．情绪体验：这个游戏需要参与者在判断别人的同时还要隐藏自己，所以在游戏过程中，参与者的情绪会体现在他的表情、动作、语言等方面，而其他人要学会仔细观察他人的一切外在表现，通过这些来判断此人的身份。

2．思维训练：这个游戏最大的挑战就是对每个人的话都要进行判断。天黑时的细微声音，每个人"杀人"的风格、表情、语言语气、说话的时机等都可以作为判断的证据。

3．辨别是非：在这个游戏中，胜利一方经常是因为敢于怀疑，而失败的一方往往是因为缺乏辨识能力，所以不敢信任别人。很多时候好人输，就输在对任何人都有怀疑，"杀手"却刚好浑水摸鱼钻了空子。本游戏看似是一个人骗人游戏，实际上却是在培养我们的辨别能力。

4．团队精神：这个游戏是一个团队的心理游戏，好人和杀手，看到同伴处在出局的边缘，是挺身相救还是明哲保身，决定性的因素是能不能取得最后的胜利。所以有的杀手会选择自杀，来为同伙争取更大的信任，所以有好人指证同伴，来保存自己赢得最终胜利。

 **温馨提示**

1．本游戏也叫"杀人游戏"，简单易学，只要明白规则或看别人玩过一盘，马上就会。

2．参与性强，只要认真对待所扮演的角色，无论是老朋友还是第一次见面的新朋友，马上会"杀"成一片，适合团队进行。

3．游戏场地的选择，室内室外均可，最好大家围坐一起，光线暗一点效果更好。

## 蜗牛的家

游戏类型：情绪管理
参加人数：单位班级人数
游戏时间：80分钟
所需材料：每人一支彩笔、一张白纸，一包小豆子，活动音乐
场地要求：宽敞的空间

 **活动目的**

体验压力和烦恼，学习有效的情绪调控方法。

 **操作程序**

1. 活动一：让学生围坐成一圈，把身体弯曲成90°后，用手从背后托起椅子，背在背上。每个人都要与前面的人保持距离，以防止椅子互相磕碰。然后，保持弯腰驼背的姿势，所有学生按照顺时针方向，跟着前面的同学，"蹒跚"地向前走。导师提示大家想象自己是一只小小的蜗牛，背上背着重重的壳。在游戏过程中，同学们要控制行走速度，不要太快完成任务，以留出足够的时间让学生体验蜗牛壳的压力，等所有学生走完一圈后，回到原地，放下椅子坐好。

2. 活动二：给每个同学分发一粒小豆子，放进自己的鞋子里（凉鞋不行）。然后，教师播放一段轻快的音乐，要求学生根据旋律在教室内走动，至少持续5分钟，使其体验到硌脚的感觉，产生心烦的感受。结束后让学生回原位就坐，引导大家展开讨论。

3. 活动三：学习有效的情绪调控方法：停、听、想、试、奖。
（1）首先告诉自己，这种情绪不好，这种感觉不好，马上停下来！
（2）安静地听一听自己心里的声音，思考自己到底在苦恼什么呢？
（3）想一想应该怎么办，有没有人可以帮助自己，有没有办法可以解决问题？
（4）不管怎样，先试一试自己想的办法灵不灵。
（5）尝试过了，要奖励自己！觉得好一点了，要给自己鼓励一下；如果还是苦恼，那再试试其他的办法！

 **相关讨论**

1. 活动一讨论：
（1）刚才背上压着东西是什么感觉？

（2）这种感觉在生活中是否也存在？
（3）蜗牛背着它的房子，那么，每天压在我们背上的是什么？
（4）这些压力具体来自哪里？
可能答案：父母期望、自我要求、同学竞争等。
2．活动二讨论：
（1）刚才鞋里有硬东西，你的感受是什么？
（2）在现实生活中是否有类似的情景和情绪反应？
（3）是什么事总是让你感觉"硌得难受"？
（4）如果你放下了背上的"蜗牛壳"，如果你倒出了鞋里的"硌脚石"，你的心情会有什么变化，生活会有什么变化？

 **游戏总结**

压力体验：压力是现代生活中最常见的情绪之一，心理学家总结了会导致压力的两类事件。一类是生活中的重大生活变化，无论是好的变化还是不好的变化都会带来压力体验；另一类则更隐蔽，生活中的一些"琐碎"的小事，由于长期积累又无处宣泄，也会变成压力的重要来源，如考试焦虑、人际交往等。事实上，后者更容易被我们忽视，但对心理健康和身体健康的危害却不亚于前者。我们要学会关注自己的情绪和感觉，寻找压力的来源，学会缓解压力、释放情绪。

 **温馨提示**

在讨论过程中允许学生发散思维，如果学生们的回答较笼统，如社会压力、人际交往压力等，导师要引导他们谈得更具体一些。

## 解压我有招

游戏类型：情绪管理
参加人数：单位班级人数，分组进行
游戏时间：80分钟
所需材料：气球和细绳（按参与学生的数量准备）
场地要求：宽敞的空间

 **活动目的**

了解自身压力情况，明白压力过大可能造成的不良影响，学习缓解压力的有效方法。

 **操作程序**

1．分组：每组8～12人最佳。

2．指导学生吹"压力气球"。

（1）发给每人一个气球和一根细绳。

（2）根据自己现在的压力程度，把相应的压力吹进气球里，最后用细绳捆好。

3．请学生看看自己的压力有多大；了解一下周围同学感受到的压力有多大；比一比谁的压力大。

4．小组内讨论减压办法，每组派一名同学分享本组总结的减压办法。导师在白纸上写下所有的方法，最后总结并介绍一些减压方法。

 **相关讨论**

1．你的压力有多大？和周围人相比呢？

2．你的压力比周围人小／大时，你的感受是什么？

3．什么会给你带来压力？

4．缓解压力的有效方法有哪些？

 **游戏总结**

减压方法列举如下：

（1）谈话法：找朋友、老师、家长或其他可以信赖的人，"发发牢骚"，通过交谈"倒出郁闷"。

（2）书写法：通过写日记或随意在纸上书写文字发泄不愉快情绪，然后将其保留或处理掉。

（3）运动法：打球、跑步、踩气球、撕纸、摔枕头或被子、捶墙、逛街、唱歌、朗诵及叫喊。运动要有强度，以达到消耗能量的目的，同时尽量不要影响他人。

（4）代偿法：想象自己美好的事情或长处，寻找心理平衡。此法较优。

（5）升华法：背书、记数、画画、写书法、或制定一项任务来完成。

 **温馨提示**

1. 吹气球时一定要注意安全，不要用力过猛，以免受伤。
2. 气球用完后应统一收回处理，以免伤人。
3. 引导学生根据自己的实际情况采取适当的减压方式。

# 责任 / 信任 / 感恩篇

1. 国王与天使
2. 我所了解的父母
3. 辛勤的园丁
4. 穿越丛林
5. 生命之旅
6. 风中劲草
7. 人椅
8. 信任背摔
9. 行动大比拼
10. 你错我做
11. 数青蛙
12. 领袖风采

## 国王与天使

游戏类型：爱与感恩
参加人数：单位班级人数
游戏时间：分为两阶段，第一段课程开始前，时间30分钟；
第二段课程结束时，时间30～60分钟
所需材料：国王和天使卡
场地要求：空旷平坦的场地

**活动目的**

1．增强集体成员间的彼此了解与亲密感。
2．营造彼此关爱的氛围，提升班级凝聚力。
3．欣赏他人，增强自信，完善自我。

**操作程序**

**第一阶段：**
1．导师发给每个人一张"国王和天使卡"。
2．请每个人在"国王"的位置填上自己的名字，然后交给导师。
3．导师将所有卡片收齐后，将全部卡片的背面向上，请每个人抽取一张。
4．请大家在抽取的卡片中"天使"的位置写上自己的名字，并且要牢牢地记住"国王"的名字。然后将卡片交给导师。
5．导师宣布规则：
（1）你所抽取的卡片上的人，就是你在课程期间的"国王"，你作为"天使"要在这段时间内，默默地关心他/她、帮助他/她，为你的"国王"做好服务。
（2）服务的内容一定要丰富多彩、形式多样，比如：一杯茶、一个小礼物、共同学习等。
（3）注意保密，不要告诉其他人，更不能向你的"国王"透漏你的身份。
（4）同时在全体同学中，也有某个人是你的"天使"，他/她也会默默地关心你、帮助你。
（5）在游戏快结束的时候，每一个"天使"都要为自己的"国王"写一封赞美信，信的内容要真诚、友爱、生动、有趣。

**第二阶段：**
当课程即将结束时，请全体同学围坐在一起（将灯光调暗一些），导师首先对大家在整个课程期间所给予的支持与配合表示感谢，随后开始将"国王和天使卡"一张一张地揭密，最后由"天使"读自己写给"国王"的赞美信。

 **相关讨论**

1．在整个课程期间，你是如何扮演"天使"角色的？
2．在课程中，你感受到了哪些特别的关心与帮助？
3．你知道谁是你的"天使"吗？
4．在生活与学习中，谁又是你的"天使"呢？你又是谁的"天使"呢？
5．你从这个游戏中，还获得哪些启发性的思考？

 **游戏总结**

人与人的交往是相互的，在关心他人的同时自身也会收获，这种收获可能是看不见的内心的感受，也可能是看得见的外在的物质，不论是哪种，在得失之间，懂得感恩总能帮助人们维持良好的人际关系。

 **温馨提示**

1．国王与天使的角色随机分配，目的是让学生在游戏内外都能互相关心、鼓励、支持、欣赏他人，形成人人互相关注的氛围，激发学生更多的正向表现。

2．这个游戏的魅力在于会触动心灵，不妨事先准备一些音乐，在最后揭密"国王和天使"时作为背景音乐使用，以烘托气氛。

3．导师及助教也可参与游戏，这样做会在无形中迅速拉近与同学之间的心理距离。

4．赞美信可作为班级文化的一部分张贴在教室的墙上，供大家更好更久地相互欣赏与激励。

5．本游戏一般适用于3天以上的培训课程。新生入学，班主任老师可以组织同学们玩该游戏，促进班级凝聚力的快速形成。

## 我所了解的父母

**游戏类型：** 感恩
**参加人数：** 单位班级人数，分组进行
**游戏时间：** 60分钟
**所需材料：** 歌曲《父亲》《烛光里的妈妈》《感恩的心》，每个学生一份《我所了解的父母》的问卷
**场地要求：** 空旷平坦的场地

### 活动目的

1．让学生走进父母日常生活，加深对自己父母的了解，常怀感恩之心，对父母产生感恩之情。
2．学会与父母沟通，进行换位思考，把感恩意识融入自己的日常生活中。

### 操作程序

1．分组：每组8～10人最佳。
2．给学生5分钟的时间，让学生填写问卷《我所了解的父母》（播放背景音乐《感恩的心》）。
3．小组内分享对父母的了解。
4．每组派代表在团队分享。

### 相关讨论

1．活动前你认为对父母有足够的了解吗？
2．对父母的了解，你在表格中写出了哪些？没有写出哪些？这说明什么问题？
3．哪一项对你来说最难写？
4．写所了解的父亲时，你脑海中浮现了什么画面？
5．写所了解的母亲时，你脑海中浮现了什么画面？
6．现在，你对父母多了哪些情感？
7．如果我们想了解这些内容，应该如何做？
8．你计划将来怎样表达对父母的理解和感恩？

 **游戏总结**

沟通是桥，理解是爱，对父母常怀感恩之心，用行动表达自己的感情。

 **温馨提示**

1．如果有条件的话，最好找几个学生家长亲临现场，和自己的子女互动。

2．在游戏分享的时候，要求学生一定要本着真诚、认真的态度进行分享。为预防有的学生不知道父母的生日却害怕其他人异样的眼光而盲目乱填，导师最好在填表前给予提醒。

3．讨论中播放背景音乐：《父亲》《烛光里的妈妈》。

后附问卷《我所了解的父母》。

**附录** 问卷《我所了解的父母》

| 妈妈 | | 爸爸 | |
| --- | --- | --- | --- |
| 生日 | | 生日 | |
| 喜欢吃的食品 | | 喜欢吃的食品 | |
| 鞋子尺码 | | 鞋子尺码 | |
| 兴趣爱好 | | 兴趣爱好 | |
| 年轻时的理想 | | 年轻时的理想 | |
| 最得意的事 | | 最得意的事 | |
| 最后悔的事 | | 最后悔的事 | |
| 最大的优点 | | 最大的优点 | |

## 辛勤的园丁

**游戏类型**：感恩
**参加人数**：单位班级人数，分组进行
**游戏时间**：60 分钟
**所需材料**：笔 1 支 / 组、素描纸 1 张 / 组、水彩笔 1 盒 / 组，确定本班任课教师数量、学科标识牌
**场地要求**：有桌子的教室

### 活动目的

以欣赏的眼光看待自己的任课老师，融洽师生关系，怀有感恩老师之情。

### 操作程序

1．按学科临时分组。
（1）助教在活动场地摆放 8 张桌子（以所学的 8 门课程为例），上面分别放置 1 张学科标识牌。
（2）8 名课代表为本组组长，坐到各自学科标识牌的桌子旁，其他人随机加入 1 个学科组，每组人数大致相等。
2．为老师找优点。
（1）导师说明任务与要求：
1）为所负责的学科老师找优点。
2）范围不限，既可以是教育教学方面的，也可以是个人、生活、家庭、交往等方面的。
3）优点要具体细化，越多越好。要有理有据，不能无中生有，更不能反话正说。
4）每组讨论由组长记录，讨论完毕后要负责汇报。
（2）助教为每队发一支笔一张纸，规定讨论时间。
（3）各组按要求讨论寻找所负责教师的优点，导师及助教到各小组指导。
3．每组选派代表分享老师优点，要求如下：
（1）表达准确清晰，语速要慢。
（2）其他人认真倾听，在头脑中美化老师形象，可质疑也可补充。
（3）各小组可在分享完毕后丰富本组所负责的教师形象。
4．绘制教师欣赏报。
1）助教为每组分发素描纸一张、水彩笔一盒。
2）导师说明任务与要求：
1）为所负责的教师绘制一份《教师欣赏报》，标题为"我们眼中的 XXX 老师"。
2）《教师欣赏报》的主题内容为所负责教师的优点，可以用水彩笔进行简单装饰。
3）集中悬挂在课堂上展览。

### 相关讨论

1．通过寻找老师的优点，你对这位老师的感觉和印象发生了哪些变化？
2．通过倾听其他老师的优点，对所有任课老师的感觉和印象发生了哪些变化？
3．预想我们的老师见到这份《教师欣赏报》时，会有何心理和言行反应？
4．预想我们的老师收到这份《教师欣赏报》后，再来我们班级上课时，会发生什么变化？
5．我们应该如何感恩老师？

### 游戏总结

1．利导思维：遇事往好的方面考虑，做到凡事多从正面理解，在不利的事情中看到有利的因素，改变认知角度，破除思维定式，培养正面、积极、良好的情绪，消除负面、消极、恶劣的情绪，从而形成自己的心理优势，快乐地学习和生活，同时怀着一颗感恩的心珍惜每位老师的辛勤付出。

2．期待效应：在人际交往中，一方充沛的感情和较高的期望可以引起另一方微妙而深刻的变化，要想让一个人向好的方向发展，就应该向他／她传递积极的期待。

### 温馨提示

1．本游戏有多种不同操作程序，导师可根据具体情况采用，尽量把所有任课老师都考虑在内。
2．学生为老师找优点时，需要强调把老师当成正常成年人，而不是多么伟大崇高的人物。
3．为找到更多优点，导师可以提示，只要说出优点的人有其依据，本组其他成员就不应反驳。
4．当小组代表分享发言时，导师要因势利导，引导学生多认同老师的良好表现，感恩老师的辛勤付出。

## 穿越丛林

**游戏类型：** 感恩/信任
**参加人数：** 单位班级人数，分小组进行
**游戏时间：** 90 分钟
**所需材料：** 眼罩若干
**场地要求：** 宽敞的教室或户外

### 活动目的

1．通过活动体验，明白责任在实现目标中的重要性。
2．感悟个人与集体的关系。

### 操作程序

1．分组：每8～10人一组，每组选出一名组长，班长不能当组长。

2．导师讲解游戏规则：

（1）班长带领全班同学进行丛林穿越活动。

（2）组长不直接参与活动，负责站在本组队伍外保障组员行走安全。

（3）除班长和组长外，其他人每人发一个眼罩。

（4）这是一个团队活动，只有密切配合才能完成。

（5）每个人与相邻的人手拉手（或手搭肩）不能放开。

（6）每个人都跟随前面的人行走，照顾前后的同学，不要抢路，也不要前拉后拽，应注意相互提醒。

3．准备活动：

（1）组长组织各组成员站成一列。

（2）组长分给每位组员一个眼罩戴好。

（3）全体组员彼此手拉手（或手搭肩）组成一个队伍。

4．活动进行：

（1）班长走在队伍最前面，按路线行走，控制行进速度，并在行进过程中保障组员安全。

（2）组长游走在本小组队伍前后，及时提醒并保障成员安全。

（3）导师跟在队伍靠后的位置，注意是否有手断开的情况。

5．所有学生按规定路线走回终点，活动即宣告结束。

 **相关讨论**

1．当你戴上眼罩，眼前一片漆黑时是什么感觉？
2．当你与相邻同学手拉手（或手搭肩）加入全班队伍时，你的内心有了什么变化？
3．在整个过程中你有没有遇到危险？有没有人帮助你？是谁帮助了你？你有什么想法和感受？
4．对于在活动中提醒指导我们的组长你有什么要表达的？
5．如果在游戏过程中一个人松开手或将手从前面同学的肩膀上拿开会有什么后果？
6．这个游戏还带给你哪些感受？

 **游戏总结**

1．信任：听从组长和前面同学的引导，这是信任。
2．责任：保护后面的同学，不抛弃、不放弃，这是责任。
3．合作：一个人不可能孤立地存在，要想更好地发展，就需要团结与合作，共同面对困难。

 **温馨提示**

1．导师要提前考察地形，确定行进路线，保证路线中有障碍。
2．导师及组长要确保同学们的安全。

## 生命之旅

游戏类型：感恩/信任
参加人数：单位班级人数
游戏时间：120分钟
所需材料：障碍物、眼罩、音乐《让爱传出去》《牵手》
场地要求：户外空地

### 活动目的

1．通过助人与受助的体验，增强对他人的信任与接纳。
2．通过体验不同的角色，学会换位思考、学会感恩。

### 操作程序

1．事前准备：事先选择好盲行路线，道路最好不是坦途，要有阻碍，如上楼、下楼、穿越、跨越、拐弯等，室内室外结合。

2．搭档组合：

（1）两人一组互为搭档，在全班范围内找搭档。搭档不能是同桌或好友，最好打破男女界限或让曾经有误会隔阂的人在一组。

（2）找到搭档后两人面对面站好。

3．导师宣布活动规则：

（1）"盲人"和"引路者"在整个过程中不能讲话。

（2）"引路者"要保证"盲人"的安全。

（3）每组前后间隔至少3步，由"引路者"掌控距离。

（4）注重角色体验。

4．搭档分配角色：

（1）搭档内部确定谁先做"盲人"，谁先做"引路者"。

（2）先扮演"盲人"的学生戴好眼罩。

（3）"引路者"向后退一步，不要触碰"盲人"。"盲人"在导师的口令下转圈或者慢慢挪动，失去方向感和位置感。

（4）"引路者"拉起"盲人"的手。

5．导盲之旅：各队搭档随导师依次走出活动室，"盲人"在"引路者"的帮助下穿越各种障碍。

6．换位体验：搭档两人互换角色，重复刚才的过程。

第九部分 责任/信任/感恩篇

### 相关讨论

1．"盲人"请进行如下思考：
（1）当你什么都看不见时有什么感觉？使你想起什么？
（2）你对你的搭档的帮助是否满意，为什么？
（3）被带领时发生了什么印象深刻的事情？
（4）你对自己或他人有什么新发现？
2．"引路者"请进行如下思考：
（1）你怎样理解你的伙伴？
（2）你是怎样想方设法帮助他/她的？这使你想起了什么？

### 游戏总结

1．信任在我们完成任务中的作用：在信任别人的同时给别人以信任，体验相互信任的重要性。
2．理解与误解：结合自己的实际生活，思考对待他人的态度和方式。
3．沟通：沟通有多种方式，提高沟通技巧。
4．换位思考：感谢与帮助，增强集体的融洽性。

### 温馨提示

1．该游戏在青春期的学生群体中开展时，应注意安排同性别一组，否则容易引起学生心理上的巨大冲突与矛盾。
2．在游戏过程中，要特别注意保障"盲人"的安全。

## 风中劲草

游戏类型：信任
参加人数：班级单位人数，分组进行
游戏时间：40 分钟
所需材料：无
场地要求：宽敞的教室

### 活动目的

1．让学生感受到信任对团队的重要性。
2．体会信任是如何在团队中建立的。

### 操作程序

1．导师宣布：现在我们要做一个风中劲草的游戏。这个游戏要求每位学生都要做一次"草"。导师说明规则并做一个"草"的示范。

2．游戏规则：
（1）学生围成一个向心圆，"草"（导师）站在圆中央。
（2）"草"要双手抱在胸前，并拢双腿，闭上眼睛，身体绷直地倒下去。倒的过程中不能移动脚或双腿分开，就像一个"不倒翁"的样子。倒下之前，"草"要问："我要倒下去了，你们准备好了没有？"当全体团队成员回答"准备好了"时，"草"可以选择任何方向倒下去。
（3）"草"倒向哪个方向，站在那个方向的同学就要在"草"即将倒在自己身上时，伸出双手把"草"轻轻推向另一个任意方向，注意用力不要太猛。

3．导师做完示范之后，小组同学开始做本游戏，每个人都要做一次"草"。

### 相关讨论

1．在这个游戏中你感觉到什么？
2．你是第几个做"草"的人，为什么是/不是第一个？
引导方向/总结：完全信任所有人，并且内心不会感到恐惧时，就会倒下去。如果有证据表明其实倒下去是安全的，（比如先尝试的人没有受伤）有些同学就会克服恐惧心理，愿意自己也试一试。
3．在游戏中最难的地方是什么？下次你会怎样改进？
可能答案：倒下去，因为恐惧。（导师分析：实际上越是不敢笔直地倒下去，越会给接的人造成困难，下次应该更笔直……)

4．在游戏中，你感觉团队的合作精神怎样？是否有信任感？

引导方向：接的人可以尽量用各种方式让中间倒着的"草"感到安全。比如用语言给中央"草"一些鼓励，同时不要嘻嘻哈哈或交谈等，这样会增强彼此间的信任感，中间的"草"则会更有信心倒下去。

**温馨提示**

1．当圈中的人准备倒下时，一定要问下面接的组员是否已准备好。只有当下面所有人员说准备好时才能倒下去。

2．无论发生什么情况，托住"草"的人一定要想尽办法不能让草真的摔倒，哪怕自己的身体要垫在地上以支持"草"。为避免受伤，可将所有人的眼镜、手表、钥匙等物品摘下。

---

# 人椅

**游戏类型**：信任
**参加人数**：单位班级人数，分组进行
**游戏时间**：40分钟
**所需材料**：秒表
**场地要求**：户外空地

**活动目的**

学生通过活动体验自我价值，认识到信任在团队活动中的作用。

 **操作程序**

1. 导师宣布活动规则：
（1）全部同学围成一圈。
（2）每个学生双手搭在前面一个学生的肩膀上。
（3）每个学生之间的距离保持在3～4厘米。
（4）在导师指导下，所有学生慢慢地坐下来，坐到后面同学的大腿上。
（5）所有人坐好后，形成一个圆形的"人椅"。
（6）请大家把双手张开，喊出口号（口号可以根据主题课程的内容确定，要朗朗上口）。
2. 先请几名同学到教室中间做简单示范。
3. 可以先在各组内部开展，然后在全体同学中进行。
4. 在全体同学都体验过这个活动后，推荐两组学生代表，用计时方法看哪一组坚持得更久。

 **相关讨论**

1. 第一次向后坐的时候，你的心理感受是怎样的？
2. 如果中途有人不敢坐下去或跌倒，会发生什么后果？
3. 在活动中，你的身体和精神状态是否有变化？
4. 这个活动对你的生活、学习有什么启发？

 **游戏总结**

1. 信任：相互信任是一个过程，如果一直跌倒会对他人失去信任而越来越不敢坐，经过多次磨合，会增强对别人的信任而感觉安全。
2. 合作：合作应该是互惠互利的。

 **温馨提示**

人数过少不能形成一个密集的圆圈会影响游戏效果；人数过多难度会增加。所以，导师要强调大家围成的圈一定要圆，否则会影响游戏的效果。

游戏类型：信任/责任
参加人数：单位班级人数
游戏时间：80分钟
所需材料：束手绳、高台
场地要求：户外空地

 **活动目的**

1. 培养同学之间的高度信任感。
2. 引导学生换位思考，让他们认识到责任与信任是相互的。

 **操作程序**

1. 导师宣布规则。
（1）有严重心脏病、高血压的人禁止参加。
（2）将身上的硬物、眼镜、帽子、发卡等容易划伤他人的物品取下，放在一边。
（3）所有参加的同学都必须从这个台上背摔下去。

（4）导师指导10名同学两两相对，双臂搭在对面同学肩上前腿弓后腿蹬抬头仰后成人阵排好（详见安全操作）。

（5）导师帮背摔者做好准备后，由背摔者大声问下面的同学："我是×××，你们准备好了吗？"

（6）接人同学准备好后要齐声回答："准备好了，请相信我们吧！"

（7）背摔者接着大声喊道："我来了！"倒下去后，接人学生要先放脚后放头，保证背摔者的安全。

（8）整个过程不允许嬉闹。

2．导师示范安全操作。

（1）接人者：示范保护结组动作。邀请一组志愿者（两人）协助。两人面对面站立，出同一侧腿，前腿弓，后腿曲蹲。两腿膝盖内侧相抵。手部掌心向上，肘关节微曲，指尖轻点对方胸前。头部向后仰，看着背摔学生的背部。

解释站法：稳、弓着的前腿具有二次保护作用、同时不容易伤到别人（防止膝盖相撞）。

人阵位置安排：第一排为女生；第二至五排为身强力壮的男生。组织排阵，排好后，教练俯冲向前试验一下人阵的结实程度。

（2）背摔者：伸出双手，掌心外翻180°，交叉相握，向下绕至胸前抵住下颌。上台后会用绳子将双手缚住，目的是防止学生在下落过程中因本能自然地将双手张开，碰伤下面的人阵学生。

注意提醒学生在下落过程中保持身体自然伸直，以保证力量分散，台下人阵容易接住。不要蹬台，以免窜出人阵范围。头部尽量不要后仰，以免摔伤脖颈。双手握紧，绕在胸前抵住下颌保持自然放松。

人阵接住学生后，切忌同时撒手后退，这样将会十分危险。正确做法：先将腿部放下，再扶其站立。摔下有失重感，所以背摔者可能会出现短暂的晕眩感觉。

3．游戏开始，导师做好记录。

 相关讨论

1．你能否做到完全放心地倒下？

2．站在高台上面与站在高台下面的感觉有什么不同？

3．为什么要把背摔学生的手捆起来？

4．那些完成得不太成功的学生的主要问题出在哪里？

5．你认为从这个项目中所获得的感受与实际工作、生活有什么联系？

 **游戏总结**

1．信任：如果背摔者信任自己的伙伴，从容放松地倒下去，因受力均匀会非常安全，如果背摔者对自己的伙伴信任不足，会坐下去，反而不安全。团队的合作必须从完全的信任开始，并且一直以此为核心。

2．责任：并非与生俱来的，需要培养。

3．奉献精神：台下每位学生全身心投入，牺牲自己为同学付出。

4．团队精神：团队互相鼓励是完成任务的基础。团队成员要相互配合依靠集体的力量使每个学生安全着陆。

5．换位思考：在台上的感觉与在台下的感觉截然不同，在台下时可能抱怨他人、笑话他人，上台后很可能发现自己也会有害怕、担心的感觉。

6．规则：明白在实际学习、生活中制度（规则）的重要性，制度（规则）不是限制，而是保护。

 **温馨提示**

1．在整个游戏过程中，都要将安全放在第一位！

2．了解学生的身体状况。是否有肩背部、腰椎间盘疾患病史的学生，或是因其他身体原因无法参加这个游戏。

3．在游戏进行过程中，导师位于背摔台上，要随时关注背摔台下人阵的情况，避免出现人阵集体撒手的现象。

4．严密关注将要从背摔台倒下的学生，如其过分紧张就先不要让他倒下，待规范动作之后方可进行游戏。

### 行动大比拼

**游戏类型**：责任承担
**参加人数**：单位班级人数
**游戏时间**：40分钟
**所需材料**：秒表
**场地要求**：宽敞的教室

### 活动目的

通过体验游戏使学生认识到承担责任是需要努力的，是勇敢的体现。

### 操作程序

1．分组：每组8～10人，每组站成若干纵列。

2．老师宣布游戏规则：

（1）全体组员根据导师的口令做出相应的动作。

（2）每小组如有人出错则扣除小组一分，扣除分数最少的小组获胜。

（3）出错的学生要走出来站到大家面前，先向大家鞠一个躬，然后高举右手大声说"对不起，我错了"。

（4）出错的学生退出游戏，其他同学重新开始。

（5）依此循环，出列的学生可以协助监督。

3．导师宣布标准口令：

（1）导师喊"一"时，学生向右转。

（2）导师喊"二"时，学生向左转。

（3）导师喊"三"时，学生向后转。

（4）导师喊"四"时，学生向前跨一步。

（5）导师喊"五"时，学生原地不动。

### 相关讨论

1．你出局时被处罚的感受如何？向大家承认错误时的感受又如何？

2．你觉得主动承担责任难吗？

3．如果我们经常找借口，逃避责任会导致什么后果？

4．这个游戏还给你什么启示？

第九部分 责任/信任/感恩篇

**游戏总结**

只有能够承担责任的人，才是真正有能力的人，主动承担责任能促使我们的综合能力得到提升。

**温馨提示**

本游戏在一开始时会有一些混乱，导师要注意引导学生。

◎ 你错我做 ◎

游戏类型：责任承担
参加人数：单位班级人数，分组进行
游戏时间：50分钟
所需材料：无
场地要求：宽敞的教室

**活动目的**

1. 让学生正确看待他人的错误。

2．让学生学会做一个负责任的人。

 **操作程序**

1．将全班同学分为不同的小组，每组4人，两人相向站着，另外两人相向蹲着，一个站着和一个蹲着的人是一对搭档。
2．站着的两个人进行"剪刀、石头、布"PK，一轮PK10次，胜者的搭档去刮输者搭档的鼻子。
3．第一轮结束后，站着的学生和蹲着的学生轮换位置，开始第二轮。
4．活动可反复进行几个回合，具体次数可由小组成员自行决定。

 **相关讨论**

1．如何看待自己的责任和他人的过错？
2．当自己的同伴失败的时候，有没有抱怨？
3．同组中的两个人有没有同心协力对付外在的压力？
4．你如何看待自己在游戏中承担的责任？
5．在班级、家庭中我们承担的责任是什么？
6．如何看待同学犯错，父母的不合理做法？
7．这个活动还给你什么启示？

 **游戏总结**

1．承担责任：为自己的行为负责，是高度责任感的表现；为集体的荣誉负责，为团队胜利而努力，甚至为其他成员的失败承担一定的责任更是胸怀博大的体现。
2．宽容：每个人都有犯错误的时候，如果其他成员对此抱怨指责，会影响整个团队的情绪，反之，若给犯错同学鼓励，大家同心协力共同面对问题，失败的同学则会以更积极的心态解决困难，取得成功。

 **温馨提示**

1．惩罚的方式除了刮鼻子以外，也可以采用做俯卧撑的办法，具体数量参考学生实际能力。
2．导师在游戏过程中要注意观察失败方两名同学在面临惩罚时的情绪反应。

# 第九部分 责任/信任/感恩篇

## 数青蛙

**游戏类型：** 感恩/责任
**参加人数：** 单位班级人数，分组
**游戏时间：** 120 分钟
**所需材料：** 音乐《烛光里的妈妈》《感恩的心》
**场地要求：** 较大的室内空间

### 活动目的

1．通过体验承担责任，了解父母的艰辛和不易。
2．通过体验不同的角色，学会换位思考、学会感恩。

### 操作程序

1．将全体学生平均分为 4 个组，每个组的同学站成一横排，4 个组围成一个正方形。
2．每个组各产生一名组长。组长应具备的条件如下：身体健康，近期没有得过疾病；有责任心、乐于付出；有顽强的意志力；勇于挑战，能够坚持到底；完全出于个人意愿出任组长。
3．游戏内容：全体同学数青蛙，由其中一人开始，一个人只能喊一个字。"一只青蛙跳下水呱，两只青蛙跳下水呱呱……"以此类推，开始的人可以随意喊 10 以下的数字，记住，每个人只能喊一个字，喊错就要接受惩罚。接受惩罚的不是本人，是所在小组的组长接受惩罚。

4．组长不参加数青蛙，只负责接受惩罚。各组组长坐在本组队列前中央。

5．惩罚说明：组员第一次出错，组长做2个俯卧撑；第二次出错做4个；第三次出错做8个；第四次出错做16个……以此类推。

6．当组长被罚俯卧撑到几十个甚至上百个撑不起来的时候，播放背景音乐《烛光里的妈妈》，声音由小渐大，导师开始引导。

引导词："看到眼前为我们的错误承担责任的组长，你心里的感受如何？他（她）像不像你生命中那个重要的亲人？……"（具体内容可参考下一篇《领袖风采》中的冥想词）

7．学生分组分享活动感悟。

8．全体同学一起分享，各小组选派代表发言。

9．播放《感恩的心》，导师带学生一起随着音乐做手语，活动结束。

### 相关讨论

1．从小到大父母为我们承担了多少责任？
2．从小学到中学直到今天，老师为我们承担了多少责任？
3．我们应该如何报答父母？如何报答恩师？
4．我们应该如何承担责任？

### 游戏总结

1．要学会选择、接纳、包容、担当。
2．父母不易、老师辛苦，需要我们怀抱感恩之心。

### 温馨提示

1．本游戏在女生团体中进行效果更佳。
2．出任组长的同学必须具备健康的身体素质，避免肌肉拉伤等。

第九部分 责任/信任/感恩篇

◎ 领袖风采 ◎

**游戏类型：** 感恩/责任
**参加人数：** 单位班级人数，分组
**游戏时间：** 180分钟
**所需材料：** 音乐《父亲》《烛光里的妈妈》《感恩的心》
**场地要求：** 室内较大空间

### 活动目的

1．通过体验承担责任，了解父母的艰辛和不易。
2．通过体验不同的角色，学会换位思考、学会感恩。

### 操作程序

1．请所有同学按自己的方式分成两个队。要求两个队的人数绝对相同且男女均分进行比赛。

2．两个队相对各站一边。

3．两个队各自产生一男一女两位队长，注意强调：一定要是自愿的，不能推选。

4．让4位队长宣誓并承诺：愿意为自己的团队负起责任，无论在怎样的情况下都无怨无悔。导师要多问几次，是不是下定决心了。

5．宣布比赛规则：第一条，绝对服从裁判。第二条，如有不服，参照第一条。

6．比赛内容：1～80循环报数共七轮；输的队，第一轮队长做俯卧撑5个、第二轮10个、第三轮20个……第七轮320个。

7．判定输赢的标准：①如果两个队都顺利完成报数，那么哪个队用时最短为赢；②哪队在报数过程中出现错误，则直接判定为输。

8．全程要求：最高境界静悄悄，若有违纪，违纪一次，队长被罚5个俯卧撑。

9．给5分钟时间各队自行练习，队长只负责组织但不参加报数。

10．各队委派一名队长进行PK决定哪个队先开始报数。

11．进行第一轮报数比赛，比赛中如有报错的情况，直接判输。队长回到队伍面前，面向对手这一队弯腰说："愿比服输，恭喜你们。"赢的一组大笑。

12．给4分钟练习时间，再开始第二轮报数比赛。给3分钟练习时间，再开始第三轮，给2分半钟时间练习再开始第四轮……

13．做俯卧撑的队长累了后，只能趴在地上休息，不能站起来，也不能坐起来。灯光要随着做俯卧撑的次数的增加慢慢地暗下来。

14．当有队长在做160或320个俯卧撑的时候，累得爬不起来时，把一些灯光关掉，留下少许灯光，叫全部学生围着这两名做俯卧撑的队长。播放背景音乐《烛光里的妈妈》声音由小渐大，导师开始引导（详见附录《冥想词》）。

15．小组分享，学员上台分享。

16．播放《感恩的心》，导师带学生一起随着音乐做手语，活动结束。

### 相关讨论

1．从小到大父母为我们承担了多少责任？

2．从小学到中学直到今天，老师为我们承担了多少责任？

3．我们应该如何报答父母？如何报答恩师？

4．我们应该如何承担责任？

### 游戏总结

1．我们要学会选择、接纳、包容、担当。

2．父母不易、老师辛苦，需要我们怀抱感恩之心。

### 温馨提示

1．本游戏意在引导学生了解承担责任是我们的一种生存方式，我们的一生都在选择，所以要学会为自己的选择承担责任。

2．出任组长的同学必须具备健康的身体素质，避免肌肉拉伤等。

### 附录 《冥想词》

请所有同学围过来，好好看看两位（领袖）队长艰难地苦苦支撑的背影，他们在为谁接受惩罚、承担这本不该他们承担的责任？

看着他们强撑的背影你想到了谁？他们像不像一直以来为了生你、养你，承担了所有责任的爸爸妈妈的背影？从小到大，你病了，哪怕是小感冒，他们都紧张得食不甘味、夜不成眠，甚至愿意为你承担所有的病痛！为了你的成长，为了你能接受更好的教育，他们扛起所有的一切甚至是灾难。可是，他们也有撑不起的时候！而这时的妈妈只能偷偷地落泪，这时的爸爸只能一个人找个角落，点上支烟，倒上杯酒，连泪都不能流出来，所有的孤独、所有的落寞、所有的酸楚都要强撑着用眼泪包裹着往肚里吞！即使这样，他们都没有抱怨过、没有放弃过、没有停止努力过，他们深深地知道：既然选择了生你、养你，就要承担责任！

第九部分 责任/信任/感恩篇

　　再好好看看他们强撑着的背影，你还会想到谁呢？他们像不像你的班主任？班主任像父母一样来呵护着你，呵护着班级的发展，你真的能理解他们所承受的那么多的无奈、委屈、心酸吗？为了班级，可能他们的孩子经常只能在睡梦中见到自己的爸爸、妈妈；为了班级，可能他们的妻子、丈夫只能用亮着的窗灯来等他们回家；为了班级，可能他们甚至付出了只有他们自己才知道的重重的代价。因为他们同样知道，选择了就要承担责任！……

　　承担责任是我们生存的方式，如果我们没有责任心，我们会怎么样？

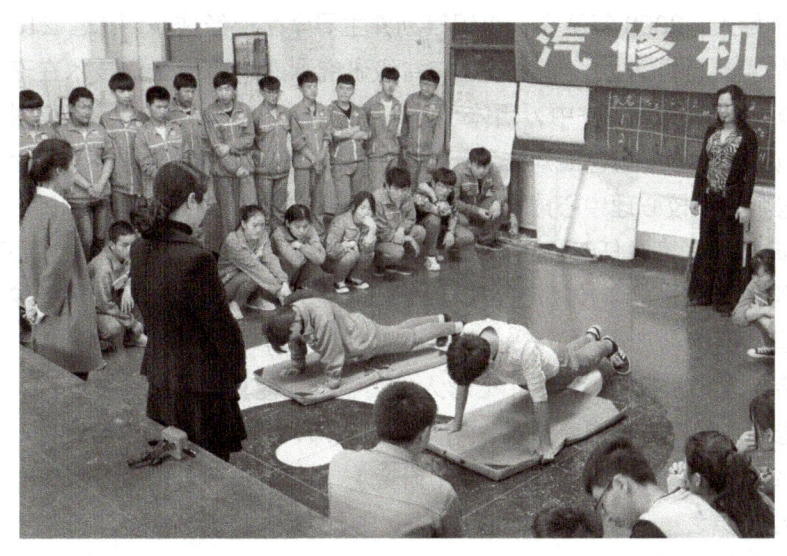

231

## 邯郸市职教中心"心海岸心智成长体验中心"导师团队成员简介

**武新平老师**，学校心理中心负责人。中学高级教师，资深心理咨询师。曾多次参加国内外著名心理专家的专业课程学习，对青少年成长发展咨询有独到之处；学校"心智成长训练营"创始人，2008年至今，组织策划并主导学生心智成长训练营216期；是《心海校园报》的主要创办人之一；先后主持省级研究课题《心理咨询技术在班主任工作中的应用研究》《中职德育工作中，团体心理辅导的应用研究》，均荣获三等奖。

寄语：包容之心如同蓝色海洋浩瀚无垠，心海之路犹如阳光雨露滋润一生。

**苗晓辉老师**，学校心理中心成员。中学高级教师，国家二级心理咨询师。省级研究课题《心理咨询技术在班主任工作中的应用研究》《中职德育工作中，团体心理辅导的应用研究》小组成员之一；学校《心海校园报》的创办人之一；2010年开始参与学校"心智成长训练营"的培训工作。

寄语：给心情涂上颜色，便有了七彩人生，我们才能真正把握住自己。

**王玉凤老师**，学校心理中心成员。中学高级教师，国家二级心理咨询师。省级研究课题《心理咨询技术在班主任工作中的应用研究》"中职德育工作中，团体心理辅导的应用研究"小组成员之一；学校《心海校园报》的创办人之一；2010年开始参与学校"心智成长训练营"的培训工作。

寄语：悦纳当下发生的一切，选择快乐人生。

**梁淼老师**，学校心理中心成员。中学高级教师，国家二级心理咨询师。省级研究课题"中职德育工作中，团体心理辅导的应用研究"小组成员之一；学校《心海校园报》的创办人之一；2012年开始参与学校"心智成长训练营"的培训工作。

寄语：努力就是光，成功就是影，没有光哪来的影。

**陈丽娟老师**，学校心理中心成员。中学一级教师，国家二级心理咨询师。省级研究课题"中职德育工作中，团体心理辅导的应用研究"小组成员之一；2013年开始参与学校"心智成长训练营"的培训工作。

寄语：做好眼前事，做最好的自己。

**马俊霞老师**，学校心理中心成员。中学高级教师。2013年开始参与学校"心智成长训练营"的培训工作。

寄语：我对你的关心在左，我对你的帮助在右，只要你需要，可以随时牵住我的手，和你一起成长一起进步，一起享受学习的快乐。

**李丹老师**，学校心理中心成员。国家三级心理咨询师，硕士，2014年毕业与沈阳师范大学心理健康教育专业。2015年开始参与学校"心智成长训练营"的培训工作。

寄语：做情绪的主人而非奴隶，无论情况多么糟糕，只要心怀阳光，就能走出多彩人生。

# "心海岸心智成长体验中心"导师团队成员简介

**吕明慧老师**，学校心理中心成员。中学二级教师，国家三级心理咨询师，2013年毕业于河北师范大学心理学专业，任中学心理教师2年，2015年开始参与学校"心智成长训练营"的培训工作。

寄语：用爱心来做事，用感恩的心做人。